宁波工程学院学术出版经费资助

资本市场开放的债务风险治理效应研究

——基于债务结构与债务违约的视角

贾秀彦 著

中国财经出版传媒集团
中国财政经济出版社
·北京·

图书在版编目（CIP）数据

资本市场开放的债务风险治理效应研究：基于债务结构与债务违约的视角 / 贾秀彦著 . -- 北京：中国财政经济出版社，2024.6

ISBN 978-7-5223-3105-8

Ⅰ.①资… Ⅱ.①贾… Ⅲ.①资本市场－债务管理－风险管理－研究－中国 Ⅳ.①F830.91

中国国家版本馆 CIP 数据核字（2024）第 084415 号

责任编辑：彭　波　　　　　　责任印制：史大鹏
封面设计：卜建辰　　　　　　责任校对：徐艳丽

资本市场开放的债务风险治理效应研究
——基于债务结构与债务违约的视角
ZIBEN SHICHANG KAIFANG DE ZHAIWU FENGXIAN ZHILI XIAOYING YANJIU
——JIYU ZHAIWU JIEGOU YU ZHAIWU WEIYUE DE SHIJIAO

中国财政经济出版社 出版

URL：http://www.cfeph.cn
E-mail：cfeph@cfeph.cn

（版权所有　翻印必究）

社址：北京市海淀区阜成路甲 28 号　邮政编码：100142
营销中心电话：010-88191522
天猫网店：中国财政经济出版社旗舰店
网址：https://zgczjjcbs.tmall.com
中煤（北京）印务有限公司印刷　各地新华书店经销
成品尺寸：170mm×240mm　16 开　12.25 印张　188 000 字
2024 年 6 月第 1 版　2024 年 6 月北京第 1 次印刷
定价：68.00 元
ISBN 978-7-5223-3105-8
（图书出现印装问题，本社负责调换，电话：010-88190548）
本社图书质量投诉电话：010-88190744
打击盗版举报热线：010-88191661　QQ：2242791300

前　　言

党的十九大以来，防范和化解重大金融风险成为了政府部门和学术界的重要议题。在我国经济飞速发展的同时，非金融企业也承担了较高的债务。据中国社会科学院国家资产负债表研究中心发布的数据显示，自2008年以来，我国非金融企业部门的杠杆率大体处于上升态势，不仅高于其他部门，还高于其他新兴市场国家。非金融企业杠杆率居高不下，不仅会导致企业的高杠杆风险，还会引发其他一系列问题。一是由债务结构短期化导致的投融资期限错配，二是由经济下行压力导致的债务违约风险，这些风险构成了企业债务风险的主要内容。较大的债务风险不仅会影响企业的正常运行，严重时会危及金融系统的稳定。所以，如何有效降低债务风险已经成为亟待进一步研究的话题。

资本市场开放作为我国股票二级市场对外开放的重要举措，实施以来受到了广大学者的关注。学者们主要针对资本市场开放对股票市场定价效率、稳定性和公司治理的影响进行了研究。已有研究发现，资本市场开放不仅能够提升资本市场定价效率、降低股票的异质性波动，还可以通过引入境外的投资者强化公司治理、引来更多资本市场中介的跟踪优化企业信息环境，从而提升企业的投资效率、降低企业的盈余管理和违规行为，提升企业的治理效果。那么，资本市场开放能否对企业的债务风险起到治理作用？其作用机制何在？对这些问题的回答不仅有助于我们理解资本市场开放这一重要的制度变革在债务风险治理中所起的作用，也为我国企业债务风险的治理提供经验证据。理论上，资本市场开放作为市场化的外部治理机制，不仅能够通过改善信息环境增加管理层高风险行为被发掘的成本，还可以通过股票交易的形式对管理层损害企业价值的行为形成监督，进而降低企业的债务风险。为了对此进行检验，本研究以我国沪深港通交易制度的实施为准自然实验场景，考察资本市场开放对企业债务风险的影响，既丰富了资本市场开放经济后果和如何缓解企业债务风险方面的文献，又有助于理论联系实际、深化对我国债务风险缓解机制的认识。

具体而言，本研究从企业债务结构和债务违约风险视角考察了资本市场开放的治理效应。就债务结构而言，本研究从资本市场开放是否降低了企业的杠杆率和投融资期限错配两个角度进行验证。就债务违约而言，本研究从资本市场开放是否能够降低企业的债务违约风险角度进行验证。

本研究以委托代理理论、信息不对称理论、优序融资理论与期限匹配理论为理论指导，利用我国A股上市公司2009～2020年的数据对上述问题进行检验，本研究得出以下结论：

第一，资本市场开放显著降低了标的企业的杠杆率。当成为沪深港通标的企业时，企业的杠杆率显著降低，并且当管理层持股比例较高、股票交易活跃度较高时，该效应更加明显。从降低杠杆率的手段来看，资本市场开放促使标的企业更愿意使用"增权"的方式降低企业杠杆率，印证了资本市场开放确实能够通过增加企业的内源融资和股权融资降低企业的杠杆率，这种市场化的"去杠杆"方式符合国家的政策导向，既积极又稳妥。公司治理机制的分组结果表明，当企业无QFII持股、聘用非"国际四大"会计师事务所时，资本市场开放对企业杠杆率的降低作用更加明显。从降杠杆的结果来看，一是资本市场开放对杠杆率的降低作用主要存在于过度负债的企业样本中，降低了负债水平较高企业的"坏杠杆"，保留了负债水平较低企业的"好杠杆"；二是资本市场开放能够显著提升标的企业资本结构的动态调整速度，使企业的资本结构更加优化。

第二，资本市场开放有助于缓解标的企业的投融资期限错配程度。成为沪深港通标的企业后，企业的投融资期限错配程度显著得到缓解。机制分析结果表明，资本市场开放通过缓解企业的融资约束、约束管理层的非理性行为，抑制了企业的投融资期限错配。公司治理机制的分组结果表明，当企业无QFII持股、聘用非"国际四大"会计师事务所时，资本市场开放对企业投融资期限错配的抑制作用更加明显。其他进一步分析结果表明，资本市场开放对企业投融资期限错配的缓解作用在标的股票交易活跃度较高时更加明显。

第三，资本市场开放有助于降低标的企业的债务违约风险。当成为沪深港通标的企业时，企业的债务违约风险显著降低。机制分析结果表明，资本市场开放通过强化公司治理水平和优化公司信息环境，降低了标的企业的债务违约风险。公司治理环境的分组结果表明，当企业聘用非"国际四大"会计师事务所时，资本市场开放对企业债务违约风险的降低作用更加明显。其他进一步分析结果表明，该效应在标的股票交易活跃度较高、负债程度较高和过度负债的公司样本中更加明显。

本研究主要的贡献和创新在于：

第一，从债务风险视角拓展了资本市场开放公司治理效应的现有研究。资本市场开放经济后果的研究已经受到学术界的广泛关注，但现有研究集中在资本市场开放对国家经济发展、股票市场和公司治理效果的影响等层面，较少有研究基于资本市场开放视角，研究其对债务风险的影响。本研究表明，资本市场开放能够对企业的债务风险起到较好的治理作用，扩充了资本市场开放公司治理效应一脉的文献，并且为资本市场开放能否以及如何发挥公司债务风险治理效应提供经验证据。

第二，从资本市场开放视角丰富了债务风险治理机制一脉的文献。受我国经济增长模式和融资方式的影响，我国企业存在较高的债务风险，如企业的高杠杆率、投融资期限错配和债务违约风险，这些风险单独或叠加在一起轻则影响企业的发展，重则影响金融市场的稳定性，如何有效缓解企业的债务风险一直是我国债务研究的重要议题。不少学者从货币政策的调整、银行制度改革和优化公司治理（如卖空机制）等视角，探讨了对债务风险的缓解，而资本市场开放作为股票二级市场对外开放的制度改革，其对债务风险的影响却鲜有文献关注，本研究在此基础上弥补了这一空缺，丰富了利用股票二级市场改革治理债务风险一脉的文献。

第三，本研究结论为证监会通过引入"外资股东"等投资者和中介机构发挥债务风险治理作用带来较为丰富的现实启示。党的十九大强调"要深化金融体制改革，增强金融服务实体经济的能力"，资本市场开放作为金融制度改革的重要举措，对其实施效果的研究有重要的现实意义。本研究结论表明，资本市场开放作为重要的金融制度改革能够对企业的债务风险治理发挥作用。

因此，我国证监会等政策制定者可继续加大力度开放资本市场，引入不同的资金、不同的中介机构、不同的投资者类型，优化公司信息环境和提升公司治理水平，以降低企业的债务风险，保证金融市场的稳定运行。

第四，本研究有助于监管层积极引导"用脚投票"治理方式在我国资本市场上的应用。本研究立足于我国制度背景，分析了不同的治理环境下，资本市场开放在债务风险缓解中所起的作用差异。具体来说，资本市场开放降低企业杠杆率、投融资期限错配和债务违约风险的效果在治理环境较差的情况下得以实现，证明了资本市场开放这一治理模式会对企业其他治理模式产生替代作用。本研究有助于监管层积极引导"用脚投票"治理方式在我国资本市场上的应用，当企业治理环境较弱时，我们要充分利用该市场化治理模式，保证我国企业的健康长远发展和资本市场的有效运行，并维护金融稳定。

目 录

第1章 导论 ... 1
1.1 研究背景 ... 1
1.2 研究思路与研究方法 ... 4
1.3 研究内容 ... 6
1.4 研究贡献与创新 ... 8

第2章 文献综述 ... 11
2.1 资本市场开放经济后果的相关研究 ... 11
2.2 企业杠杆率的相关研究 ... 15
2.3 企业投融资期限错配的相关研究 ... 23
2.4 企业债务违约风险的相关研究 ... 27
2.5 文献评述 ... 32

第3章 制度背景与理论分析 ... 35
3.1 制度背景 ... 35
3.2 理论基础 ... 39
3.3 理论分析框架 ... 43
3.4 本章小结 ... 46

第4章 资本市场开放与企业杠杆率 ... 48
4.1 引言 ... 48

4.2　理论分析与研究假设 …………………………………………… 52
　4.3　研究设计 ………………………………………………………… 54
　4.4　实证结果与分析 ………………………………………………… 56
　4.5　进一步分析 ……………………………………………………… 71
　4.6　本章小结 ………………………………………………………… 87

第 5 章　资本市场开放与企业投融资期限错配 ……………………… 89
　5.1　引言 ……………………………………………………………… 89
　5.2　理论分析与研究假设 …………………………………………… 92
　5.3　研究设计 ………………………………………………………… 95
　5.4　实证结果与分析 ………………………………………………… 97
　5.5　进一步分析 ……………………………………………………… 109
　5.6　本章小结 ………………………………………………………… 122

第 6 章　资本市场开放与企业债务违约风险 ………………………… 123
　6.1　引言 ……………………………………………………………… 123
　6.2　理论分析与研究假设 …………………………………………… 126
　6.3　研究设计 ………………………………………………………… 128
　6.4　实证结果与分析 ………………………………………………… 131
　6.5　进一步分析 ……………………………………………………… 145
　6.6　本章小结 ………………………………………………………… 156

第 7 章　研究结论与启示 ……………………………………………… 158
　7.1　研究结论 ………………………………………………………… 158
　7.2　研究启示与政策建议 …………………………………………… 159
　7.3　研究局限和未来的展望 ………………………………………… 161

参考文献 ………………………………………………………………… 163

第 1 章

导　论

1.1　研究背景

自 20 世纪 90 年代以来，在世界各国逐渐对外开放资本市场的背景下，为推动我国经济全球化的进程，我国分别于 2014 年和 2016 年开通了沪港通股票市场交易互联互通机制试点和深港通股票市场交易互联互通机制试点（以下简称沪深港通交易制度），该交易制度自实施以来，激发了境外投资者的投资热情。据数据统计，2014～2020 年沪深港通年度成交总额分别为 1675.12 亿元、14710 亿元、7710 亿元、22660 亿元、46740 亿元、97570 亿元和 210886 亿元[①]，大体上呈现逐年上升的态势。然而，受制于我国较低的金融制度市场化程度和较低的投资者保护水平（Allen et al.，2005），资本市场开放能否为我国的经济发展带来改革红利，有待我们深入探讨。正是在此现实背景下，资本市场开放会为我国的经济发展和企业行为带来何种影响受到了学术界和政府部门的重点关注。

目前国内外学者针对资本市场开放的经济后果进行了丰富的研究，针对各国资本市场开放的实践，从国家经济发展、股票市场和公司治理视角展开了研究。现有研究发现，资本市场开放不仅有助于促进国家经济增长（Bekaert et al.，2004；Gupta and Yuan，2009；Li，2010）、提升资本市场的定价效率和稳

---

① 香港联合交易所网：https://sc.hkex.com.hk/TuniS/www.hkex.com.hk/MarketData/Statistics/Consolidated-Reports/Annual-Market-Statistics?sc_lang=zh-CN。

定性（Li et al.，2004；Li et al.，2011；Bae et al.，2012；Fan and Wang，2017；钟凯等，2018b；钟覃琳和陆正飞，2018），还可以通过市场交易的方式起到监督和优化企业信息环境的作用，从而提升企业的治理水平和治理效果，如改善企业的经营业绩（Mitton，2005；于博和吴菡虹，2020）、降低企业的盈余管理（Bae et al.，2006）、提高企业的投资效率，并最终提升企业业绩（陈运森和黄健峤，2019）、抑制企业的违规行为（邹洋等，2019）、缓解企业面临的融资约束（杨胜刚等，2020）等，即资本市场开放能完善公司的治理结构。但是，截至目前，关于资本市场开放在我国债务风险中所起的作用鲜有文献涉及。受我国经济增长模式和股票市场融资难度的影响，债务在我国经济和企业发展中占有重要的地位。具体到我国企业层面，企业信息不对称程度较高导致的融资约束和管理层机会主义行为导致的代理成本均会加重企业的债务风险。资本市场开放带来的境外有经验的投资者和更多的分析师不仅能够通过优化企业信息环境来缓解企业的融资约束，还可以形成一种新的市场监督机制来约束管理层损害企业价值的行为，为债务风险的降低带来可能。那么，资本市场开放能否对企业债务风险产生影响？产生何种影响？其作用机制是什么？在不同的情形下会产生何种差异？对这些问题的回答不仅可以帮助我们更好地理解资本市场开放该股票二级市场的重要改革对我国债务风险的治理作用，也为我国继续推进股票市场的对外开放提供参考。

党的十九大以后，防范和化解重大金融风险成为学术界和政府部门的重要议题。受我国经济增长模式的影响，在我国经济飞速发展的同时，我国政府和企业部门也面临着较高的债务负担，据中国社会科学院国家资产负债表研究中心发布的研究数据统计，截至2020年年底，我国全社会的杠杆率高达270.1%，从其结构上来看，非金融企业部门的杠杆率居高不下，高达162.3%[1]，不仅高于其他部门的杠杆率，还高于非金融企业部门其他年份的杠杆率。在我国非金融企业杠杆率一直处于高位的情形下，不仅会增加企业的杠杆风险（刘晓光和刘元春，2019），还会引发其他一系列问题。首先，在我国以银行贷款为主

---

[1] 国家金融与发展实验室官网：http://www.nifd.cn/home/index。

的融资模式下（Allen et al., 2005），为了控制企业的贷款风险，银行更倾向于发放短期贷款，或是管理层更加激进，更愿意采用成本较低的短期借款进行投资，无论是何种动因，现阶段企业的债务内部结构呈现出以短期借款为主，以不断续借的短期借款支持长期投资的情形（余明桂等，2006；钟凯等，2016；钟宁桦等，2016），即投融资期限错配（李扬，2014）。其次，在经济下行压力下，债务规模的扩大会引起企业债务违约风险的增加（王化成等，2019）。总体负债率的增加和债务内部结构的短期化构成了企业的债务结构风险，且债务结构风险和债务违约风险构成了企业债务风险的主要内容（刘晓光和刘元春，2019；许红梅和李春涛，2020）。债务风险的爆发不仅会危及金融系统的稳定性，也会影响实体经济的高质量发展（孟庆斌等，2019）。所以，如何科学而有效地降低企业债务风险成为学术界和政府部门共同关注的现实问题。

基于以上现实背景和理论背景，本研究从企业的债务结构风险和债务违约风险出发，选择企业的高杠杆率、投融资期限错配和债务违约风险作为债务风险的 3 个方面指标，研究资本市场开放的债务风险治理效应。具体而言，首先，立足于企业总体负债结构视角，探讨资本市场开放是否有助于缓解企业的高杠杆风险？其内在手段是什么？在不同的治理环境下会出现何种差异？其次，立足于负债期限结构视角，探讨资本市场开放是否有助于缓解企业的投融资期限错配？其作用机制是什么？在不同的治理环境下两者关系会出现何种差异？最后，立足于债务违约风险视角，探讨资本市场开放是否有助于降低企业的债务违约风险？其背后的作用机制是什么？在不同的治理环境下两者关系会出现何种差异？这些问题均有待于我们的进一步实证检验。

本研究以我国沪深港通交易制度实施作为资本市场开放的表征，由于资本市场开放的逐步性和外生性，使其为本书研究资本市场开放对企业债务风险的影响提供了很好的自然实验场景，本研究可以在很好地解决内生性问题的基础上利用 DID 模型来进行实证检验。

综上所述，基于我国现实的债务风险背景，资本市场开放作为股票二级市场的市场化改革模式，能否对企业的债务风险起到治理效应？其作用机制为何？在不同治理因素的调节下，会出现何种差异？本研究将利用我国沪深港通交易制度的实施为准自然实验场景，逐一对这些问题进行解答。

1.2 研究思路与研究方法

1.2.1 研究思路

本研究主要关注的问题是资本市场开放能否发挥有效的债务风险治理效应。在系统梳理相关理论和文献的基础上，本研究考察的债务风险治理效应，不仅包括企业总体债务结构风险，即高杠杆风险，还包括债务的内部结构风险，即投融资期限错配，最后还将企业债务违约风险纳入考虑的范围。因此，本研究具体将从企业高杠杆率、投融资期限错配以及债务违约风险3个维度检验资本市场开放的债务风险治理效应，全书的研究思路如图1-1所示。

1.2.2 研究方法

本研究将采用理论分析和实证研究相结合的研究方法。在理论分析上，将结合资本市场开放的现状和研究进展、我国债务风险的研究进展两方面，充分利用信息不对称理论、委托代理理论、优序融资理论和期限匹配理论等现有成果，理论分析资本市场开放对企业债务风险的治理效应。在实证检验上，本研究将利用各种公开数据，结合我国的制度背景和市场环境，参考已有研究构建了多元回归模型和变量，实证检验资本市场开放对企业杠杆率、投融资期限错配和债务违约风险的影响，为本研究结论提供经验证据。具体采用的方法包括：首先采用描述性统计、双重差分模型等方法进行估计，然后利用倾向得分匹配（PSM）、安慰剂检验、平行趋势检验等方法，针对各研究问题进行相应的稳健性测试，以保证研究过程的科学性以及研究结论的可靠性。

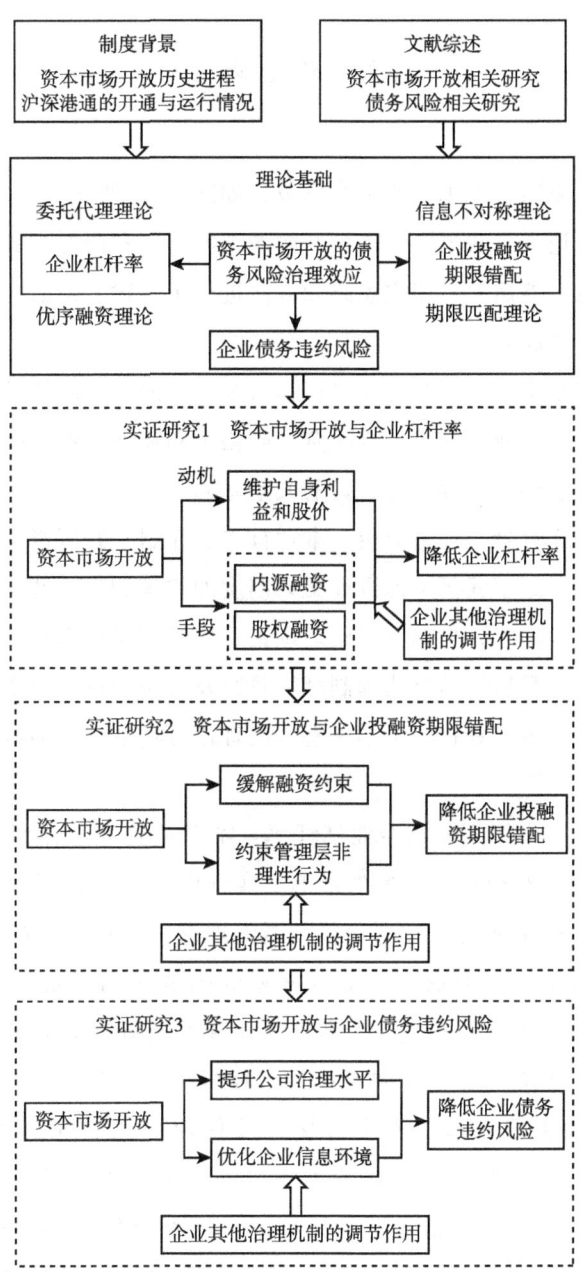

图 1-1 研究思路

1.3 研究内容

根据本研究思路，本书分为七个章节，如图1-2所示，详细内容如下：

第1章，导论。从我国资本市场开放的现实情况和研究进展出发，引出本研究主要的问题，然后对本研究思路和方法进行了阐述，最后还指明了本书可能的研究贡献和创新点。

第2章，文献综述。本章首先对资本市场开放的经济后果进行了系统的梳理和回顾；其次对企业杠杆率、投融资期限错配和债务违约风险的相关文献进行了梳理和评述，形成后续实证检验的文献基础。

第3章，制度背景与理论分析。本章首先，介绍了我国资本市场开放的历史发展，并详细介绍了我国沪深港通交易制度的实施和运行情况；其次，对本书依托的理论进行阐述，包括委托代理理论、信息不对称理论、优序融资理论和期限匹配理论；最后，结合我国制度背景以及相关理论，对本研究的3个主要问题进行理论分析，并构建了本书整体的理论分析框架。为后续的实证研究提供逻辑基础。

第4章，资本市场开放与企业杠杆率。本章从企业总体债务结构视角考察了资本市场开放对企业杠杆率的影响。实证研究发现，第一，资本市场开放显著降低了标的企业的杠杆率，并且当管理层持股比例较高、股票交易活跃度较高时，资本市场开放对企业杠杆率的降低作用表现得更加明显；第二、细分企业负债的类型发现，资本市场开放不仅降低了企业的短期杠杆率和长期杠杆率，还降低了企业的商业信用杠杆率和银行贷款杠杆率；第三，从降低杠杆率的手段来看，资本市场开放促使标的企业更愿意选择"增权"的方式降低企业杠杆率，印证了资本市场开放能够通过增加企业内源资金和股权融资的方式降低企业的杠杆率。这种市场化的去杠杆方式符合国家政策导向，既积极又稳妥；第四，截面测试结果表明，资本市场开放对企业杠杆率的降低作用会受到企业治理环境的影响。具体来讲，当企业无QFII持股、聘用非"国际四大"会计师事务所时，资本市场开放对企业杠杆率的降低作用更加明显；第五，从降杠杆的结果来看，一是资本市场开放对杠杆率的降低作用主要存在于过度负债的企业中，降低了负债水平较高企业的"坏杠杆"，保留了负债水平较低企业的"好杠杆"。二是资本市场开放能够显著提升标的企业资本结构的动态调整速度，使企业的资本结构更加优化。

第5章，资本市场开放与企业投融资期限错配。本章从企业债务期限结构视角考察了资本市场开放对企业投融资期限错配的影响。实证研究发现，第一，资本市场开放显著缓解了标的企业的投融资期限错配。第二，机制分析结果表明，一是沪深港通交易制度的实施缓解了企业的融资约束，进一步抑制了企业的投融资期限错配。二是沪深港通交易制度的实施为企业带来了大量的外资投资者，这些投资者往往具有更加专业的投资经验和分析处理能力，他们利用股票交易行为对管理层实施监督，形成新的治理力量（"引制"），对管理层形成约束，使管理层减少了非理性的高风险行为，从而降低了企业的投融资期限错配。第三，基于企业治理环境的分组结果表明，资本市场开放对企业投融资期限错配的缓解作用会受到企业治理环境的影响。具体而言，当企业无QFII持股、聘用非"国际四大"会计师事务所时，资本市场开放对企业投融资期限错配的缓解作用更加明显；第四，其他进一步分析结果表明，当标的股票的交易活跃度较高时，资本市场开放对企业投融资期限错配的缓解作用更加明显。

第6章，资本市场开放与企业债务违约风险。本章考察了资本市场开放对企业债务违约风险的影响。实证研究发现，第一，资本市场开放即沪深港通交易制度的实施显著降低了标的企业的债务违约风险；第二，机制分析结果表明，资本市场开放通过提升公司治理水平和改善企业信息环境，降低管理层从事损害企业价值的行为，从而降低标的企业的债务违约风险；第三，基于治理环境的分组结果表明，当企业聘用非"国际四大"会计师事务所时，资本市场开放对企业债务违约风险的降低作用更加明显；第四，其他进一步分析结果表明，当标的股票的交易活跃度较高时、企业负债程度较高和过度负债时，资本市场开放对企业债务违约风险的降低作用更加明显。

第7章，研究结论与启示。本章首先，根据前述章节研究结果提出本研究结论；其次，在此基础上对监管部门与企业部门提出相关建议；最后，指出研究过程中存在的不足之处，并进一步提出未来可能的研究方向。

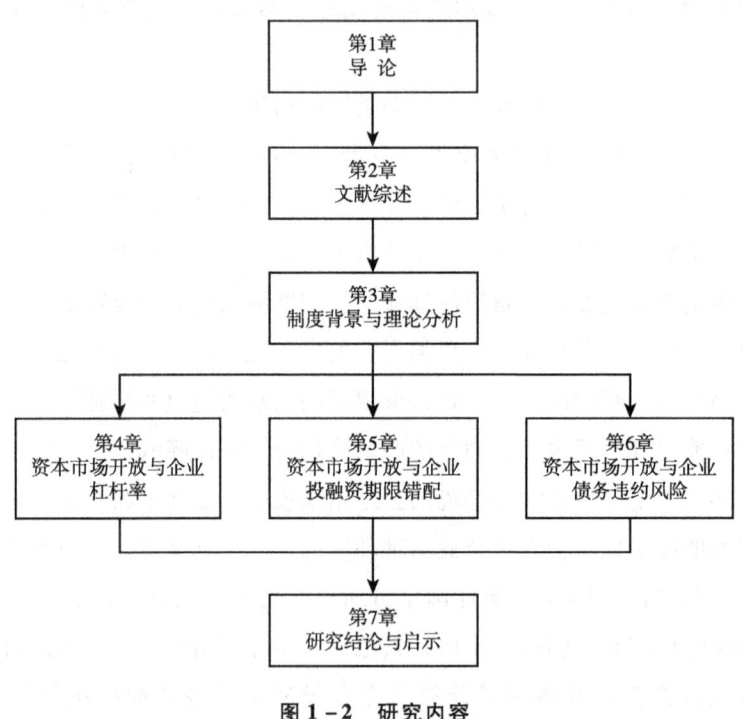

图1-2 研究内容

1.4 研究贡献与创新

相比已有文献，本书的研究贡献和创新之处可能存在以下4个方面：

第一，从债务风险视角拓展了资本市场开放公司治理效应的现有研究。资本市场开放经济后果的研究已经受到学术界的广泛关注，但现有研究集中在资本市场开放对一国经济发展（Bekaert et al.，2004；Gupta and Yuan，2009；Li，2010）、股票市场（Bae et al.，2012；Fan and Wang，2017；钟凯等，2018b；钟覃琳和陆正飞，2018）和公司治理效果的影响（陈运森和黄健峤，

2019；邹洋等，2019；于博和吴菡虹，2020）等层面，较少有研究基于资本市场开放视角，研究其对债务风险的影响。本研究表明，资本市场开放能够对企业的债务风险起到较好的治理作用，扩充了资本市场开放公司治理效应一脉的文献，并且为资本市场开放能否以及如何发挥公司债务风险治理效应提供经验证据。

第二，从资本市场开放视角丰富了债务风险治理机制一脉的文献。受我国经济增长模式和融资方式的影响，我国企业存在较高的债务风险，如企业的高杠杆率、投融资期限错配和债务违约风险，这些风险单独或叠加在一起轻则影响企业的发展，重则影响金融市场的稳定性，如何有效缓解企业的债务风险一直是我国债务研究的重要话题。不少学者从货币政策的调整（钟凯等，2016；汪勇等，2018；王博等，2019）、银行制度改革（王红建等，2018；郑曼妮等，2018）和优化公司治理（如卖空机制）等视角（顾乃康和周艳利，2017；Balachandran et al.，2019；陈胜蓝等，2020；罗宏等，2021），探讨了对债务风险的缓解，而资本市场开放作为股票二级市场对外开放的制度改革，其对债务风险的影响却鲜有文献关注，本研究在此基础上弥补了这一空缺，丰富了利用股票二级市场改革治理债务风险一脉的文献。

第三，本研究结论对于证监会积极引入"外资股东"等投资者和中介机构发挥债务风险治理作用带来较为丰富的现实启示。党的十九大强调"要深化金融体制改革，增强金融服务实体经济的能力"，资本市场开放作为金融制度改革的重要举措，对其实施效果的研究有重要的现实意义。本研究结论表明，资本市场开放作为重要的金融制度改革能够对企业的债务风险治理发挥作用。因此，我国证监会等政策制定者可继续加大力度开放资本市场，引入不同的资金、不同的中介机构、不同的投资者类型，优化公司信息环境和提升公司治理水平，以降低企业的债务风险，保证金融市场的稳定运行。

第四，本研究有助于监管层积极引导"用脚投票"治理方式在我国资本市场上的应用。本研究立足于我国制度背景，分析了不同的治理环境下，资本市场开放在债务风险缓解中所起的作用差异。具体来说，资本市场开放降低企业杠杆率、投融资期限错配和债务违约风险的效果在其他治理环境较差的情况下得以实现，证明了资本市场开放该种治理模式会对企业其他治理模式产生替代作用。本研究有助于监管层积极引导"用脚投票"治理方式在我国资本市场上的应用，当企业其他治理环境较弱时，我们要充分利用该市场化治理模式，保证我国企业的健康长远发展和资本市场的有效运行，并维护金融稳定。

第 2 章

文献综述

本章主要从资本市场开放、企业杠杆率、企业投融资期限错配和企业债务违约风险四个领域对文献进行梳理和总结。首先,对资本市场开放经济后果的文献进行了回顾和梳理;其次,对企业高杠杆的现状和动因、经济后果和可能的去杠杆路径进行回顾和梳理;再次,对企业投融资期限错配的动因、经济后果和缓解机制进行了回顾和总结;最后,针对企业债务违约风险的影响因素和经济后果进行了总结和归纳。

2.1 资本市场开放经济后果的相关研究

关于资本市场开放经济后果的研究,主要集中在以下3个方面:一是资本市场开放对经济发展的影响,二是资本市场开放对股票市场的影响,三是资本市场开放对企业行为的影响。

2.1.1 资本市场开放对经济发展的影响

一方面,大量研究发现资本市场开放能促进一国的经济发展。Henry (2000a) 运用 11 个发展中国家股票市场自由化的数据研究得出股市自由化将增加当地的私人投资。Bekaert 等 (2004) 发现股票市场自由化可以导致一国实际经济增长 1%,而且该增长效应在制度质量较高的国家更加显著。Quinn

和 Toyoda（2008）发现资本账户自由化与发达国家和新兴市场国家的增长都有积极的联系。Gupta 和 Yuan（2009）发现股票市场自由化对新兴市场行业增长有积极的影响，而且更加依赖外部融资和面临更好增长机会的行业在自由化之后增长更快。Li（2010）利用 19 个新兴市场和 18 个发达国家 1980~2000 年的行业水平数据发现，在新兴市场自由化后，各个行业均会出现一致的增长，高度依赖外部融资的行业在自由化制度下增长得更快。Wu 等（2017）利用我国台湾等小规模经济体的数据发现，资本市场开放后，外国投资机构的资本会流入台湾地区，促使台湾股市繁荣、本币升值、房地产市场飙升和债券价格上涨。Moshirian 等（2021）立足于创新视角利用 20 个经济体的跨国数据实证检验了股票市场开放对经济发展的影响，研究发现这些经济体在自由化后表现出更高水平的创新产出，并且这种效应在更具创新性的行业中表现得更加强烈，其中缓解融资约束、加强国内外投资者之间的风险分担以及改善公司治理是股市自由化促进创新的潜在渠道。另外，有学者从风险分担角度肯定了资本市场开放对一国经济带来的积极影响。例如，Iwata 和 Wu（2009）通过考察发展中国家股票市场自由化后，国际上分担（或不分担）哪些宏观经济风险，发现与外部金融市场冲击相对应的大部分风险出人意料地得到了很好的分担，而与产出、通胀和货币政策的外部冲击相关的其他宏观经济风险没有在各国之间得到充分分担。该结果表明，股票市场自由化的国家可以更好地对冲外源性和特质性金融市场风险，而且股票市场自由化需要伴随其他经济一体化措施，才可以实现国际风险分担的全部好处。此外，Henry（2000b）发现股票市场自由化可以通过允许国内外代理人分担风险来降低自由化国家的股本成本，并且在预期未来现金流不变的情况下，当市场得知未来股市即将自由化时，新兴市场国家的股票价格指数会有所上升。

另一方面，还有部分学者认为资本市场开放会对一国经济发展产生消极影响。Bekaert 和 Harvey（1997）发现资本市场自由化往往会提高本地市场回报与全球市场回报之间的相关性，但不会加剧本地市场回报的波动。Stiglitz（2000）发现过度的金融自由化会为金融市场带来更多的短期投机资本流动，这种急剧的流入和流出会对金融市场的稳定发展产生影响，制约经济发展，尤其是在我国较为薄弱的监管制度下，这一效应会更加强烈。Bae 等（2004）发现资本市场开放会使新兴市场的股票更容易受到国际市场风险的影响,增加股票市场的波动性。Bekaert 等(2006)通过研究股票市场自由化和资本账户开放对实际消费增长可变性的影响,发现金融自由化大多与较低的消费增长波动性相关,而且在资本账户更加开放的国家,股票市场开放对消费增长波动性会造成更大程度的降低。此外,研究还发现金融自由化会使消费增长波动与国内生产总值增长波动之比下降,这表明风险分担有所改善。

2.1.2 资本市场开放对股票市场的影响

第一,国内外多数研究学者发现股票市场开放能为标的企业带来更多有经验的外国投资者,他们具备更好的能力去处理市场中的信息,从而将所掌握的信息及时反映至股价,提高股票的定价效率(Li et al.,2004;Bae et al.,2012;Fan and Wang,2017;钟覃琳和陆正飞,2018)。例如,Li 等(2004)发现资本市场开放后,境外有经验的投资者会将其掌握的增量信息及时反馈至股价,提高股价的信息含量。Bae 等(2012)发现资本市场开放会促使新兴市场标的公司的股票更快地纳入全球信息,提升股票的定价效率。Fan 和 Wang(2017)通过实证研究发现沪港通交易制度的实施能够显著降低沪港两地上市公司的 AH 股溢价。钟覃琳和陆正飞(2018)通过实证检验发现,资本市场开放通过促进公司将特质信息纳入股票价格和优化公司治理机制间接地提高股价信息含量,从而有助于提高价格对资源配置的引导作用,使资本市场实现高效运行。此外,有研究发现,资本市场开放能使股价中的公司信息含量增加,提高股价对企业投资的引导作用,提升资本市场效率(Chari and Henry,2008;连立帅等,2019a;连立帅等,2019b)。还有研究发现,金融自由化不仅可以通过增加企业的发展水平、股票流动性和投资质量提高股票市场的定价效率,还可以降低金融危机的发生概率(Rejeb and Boughrara,2013)。

第二,资本市场开放能够降低股价的波动风险,维持股票市场的稳定(Kim and Singal,2000;Li et al.,2011;钟凯等,2018b;李沁洋和许年行,2019)。例如,Kim 和 Singal(2000)发现股票市场开放后,股票收益立即增加,而波动性没有随之提高。Li 等(2011)发现资本市场开放带来的外国股东强有力的承诺和监督能够发挥稳定市场的作用,降低股票收益波动。钟凯等(2018b)指出沪港通交易制度的实施通过提高信息披露质量降低股价的异质性波动。李沁洋和许年行(2019)发现资本市场开放能够通过提升标的公司的信息透明度,降低标的企业的股价崩盘风险。

2.1.3 资本市场开放对企业行为的影响

资本市场开放能够引入有先进投资经验的境外投资者和更多中介机构的跟踪,不仅能够强化企业监督,还可以优化企业的信息环境,从而提升企业的治理水平和治理效果(Mitton,2005;Bae et al.,2006;陈运森和黄健峤,2019;邹洋等,2019;杨胜刚等,2020;于博和吴菡虹,2020;马永强和张志远,2021;Zhang et al.,2021;支晓强等,2021;Deng et al.,2022)。Mitton(2005)发现股票对外国投资者开放的公司经历了更高的收入增长率、更大的投资、更高的盈利能力、更高的员工效率和更低的杠杆率,从而显著改善了企业的经营业绩。有研究发现,股票市场开放能够引入更多分析师的跟踪,提升企业的会计信息质量,降低企业的盈余管理(Bae et al.,2006)。陈运森和黄健峤(2019)研究发现资本市场开放通过提高企业的信息质量和优化外部信息环境,提高了企业的投资效率,并最终提升企业业绩。邹洋等(2019)发现资本市场开放通过优化公司的信息环境和公司治理结构抑制了企业的违规行为。于博和吴菡虹(2020)研究发现资本市场开放引入的境外投资者引发的公司治理效应能够改善企业业绩。杨胜刚等(2020)发现资本市场开放能够通过提升企业会计信息质量和加强外部监督两种渠道缓解企业面临的融资约束。马永强和张志远(2021)研究发现,资本市场开放能够通过增加企业权益融资、改善企业信息不对称程度和提升公司治理水平的途径提高过度负债企业的去杠杆程度。Zhang 等(2021)研究发现股票市场自由化吸引了证券分析师的注意力,增加了管理者对环境保护的关注,从而促进了企业的绿色创新,并且这种促进作用在国有企业表现得更加显著。支晓强等(2021)研究发现资本市场开放可以作为有效的外部治理机制,通过提高公司治理水平和改善公司信息质量的方式抑制企业的避税行为。Deng等（2022）研究发现资本市场自由化显著降低了向上审计调整的频率和幅度，而且该效应在香港投资者交易量较高的企业中更加显著。

还有部分学者关注了资本市场开放对企业其他行为的影响，如降低股权资本成本、促进投资、提升企业价值、提高债务期限结构和增加私人信息披露等。例如，有研究发现，资本市场开放不仅能够显著地降低企业的股权资本成本（Stulz，1999；Bekaert and Harvey，2000；庞家任等，2020），还可以激发企业的投资热情（Chari and Henry，2004；Henry，2003；Bae and Goyal，2010）。Vithessonthi和Tongurai（2012）利用泰国的数据研究发现，资本市场的自由化可以在短期内提高企业价值，而且，在后自由化时期，平均贝塔系数显著下降，这意味着资本成本有所降低。Schmukler和Vesperoni（2006）发现进入国际债券和股票市场的公司长期债务增加，期限结构变长。另外，随着金融自由化，纯境内融资企业的期限结构缩短。Yoon（2021）通过实证检验发现，资本市场自由化后符合条件的公司显著增加了经纪人促成的私人会议，但却没有对新闻发布或管理层预测的频率作出重大改变。而且在公开披露业绩良好且需要资本的公司中，私人披露的增加更为强劲。

2.2 企业杠杆率的相关研究

与企业杠杆率相关的文献主要是企业资本结构层面的文献，但由于本书研究的是债务风险，在此主要指去杠杆。所以，本研究主要关注的文献是与去杠杆相关的文献。目前国内外关于企业去杠杆的研究主要集中在3个方面：我国杠杆率的现状和动因、企业高杠杆率的经济后果和我国企业去杠杆的可能路径研究。

2.2.1 我国杠杆率的现状与动因

现有文献主要从宏观和微观角度考察了我国杠杆率的现状与形成原因。

(1) 非金融企业杠杆率的现状与动因。

近几年，我国的宏观杠杆率水平持续上升，高于其他新兴市场经济体，并且我国宏观杠杆率分布不均并呈现出结构性特征，其中非金融企业部门的杠杆率最高（潘晶，2016；任泽平和冯赟，2016；谭小芬和尹碧娇，2016；王宇和杨娉，2016；张晓晶和常欣，2017）。导致我国非金融企业部门杠杆率处于较高水平的原因主要包括：一是随着全球的经济红利衰减，我国政府于2008年投入"四万亿"刺激经济发展，导致了传统制造业供需失衡加剧产能过剩（马建堂等，2016；任泽平和冯赟，2016；王宇和杨娉，2016），从而造成资金的无端占压；二是为了保证政府的GDP增长目标，长期依赖企业的出口和投资这两驾马车，导致宏观上的负债向非金融企业部门靠拢（Chivakul and Lam，2015；王宇和杨娉，2016；谭小芬和李源，2018）；三是我国金融市场上存在的资本错配。由于我国股票市场的发展程度较低，导致非金融企业部门过度使用以银行贷款为主的间接融资模式，而且资金使用效率较低（马建堂等，2016；潘晶，2016；张晓晶和常欣，2017；谭小芬和李源，2018；刘哲希等，2020），进而导致了非金融企业部门的高杠杆；四是与企业所处的经济周期密切相关（潘晶，2016）；五是2008年全球金融危机爆发后，为支持我国经济的发展，货币政策相对宽松，而且该宽松货币政策一直持续多年，造成了大量货币的囤积，推升了非金融企业部门的杠杆率（马建堂等，2016；王宇和杨娉，2016）。

(2) 企业杠杆率的现状与动因。

我国微观企业杠杆率较高实质上是一种结构性的高企，大量负债集中在少数行业和少数企业（潘晶，2016）。一是在稳增长目标下使负债主要集中在房地产和建筑行业（任泽平和冯赟，2016）；二是在稳增长和保就业的目标下政府对低效率企业进行各种资金扶持，导致多数国有企业出现产能过剩和杠杆率攀升的情况（Chivakul and Lam，2015；任泽平和冯赟，2016；谭小芬等，2020）。关于企业高杠杆成因的研究可以从企业外部环境因素和企业内部因素两个方面进行归纳和综述。

第一，企业外部环境对企业杠杆率的推升。企业会根据外部环境的变化来调高自身的杠杆率水平。Fan等（2012）利用39个发达国家和发展中国家的企业数据发现，腐败程度较高国家、能从杠杆中获得更大税收收益国家、法律制度较弱国家的公司倾向于使用更多的债务，有明确破产法和存款保险的国家也会使企业存在较高的杠杆率。有研究发现，企业劳动力成本的增加，会使企业的资本深化，导致企业杠杆率的提升（Agrawal and Matsa，2013；潘敏和袁歌骋，2019；宫汝凯，2020）。纪洋等（2018）利用 Baker 提出的经济政策不确定性指数研究了经济政策不确定性对国企杠杆率的影响。研究发现，经济政策不确定性指数每增加 1 个标准差，会使国有企业的杠杆率增加 2.05%。司登奎等（2020）通过我国上市公司的数据发现汇率政策不确定性的增加会通过引发国际资本流动、降低投资效率和加剧企业风险承担等途径，使企业杠杆率有所提升。由于国有企业承担的政策性负担，会使政府在对待国有企业时，存在预算软约束和隐形担保，从而导致国有企业的杠杆率处于较高水平（杨楠和谭小芬，2016；蒋灵多和陆毅，2018；倪志良等，2019）。另外，由于政府的保护，银行会为一些低效率企业输血，导致杠杆错配，即效率较低的企业其杠杆率较高（如大量僵尸企业），挤出了效率较高企业的杠杆率（张晓晶和常欣，2017）。

第二，企业内部某些因素也会推高企业的杠杆率。Huang 等（2011）利用中国上市公司的数据进行研究，发现当企业预期未来的债务违约风险较大时，企业会保持较高的杠杆率水平。另外，有研究认为，盈利能力的下降，致使企业的自有资金减少，降低企业利用内源资金进行生产经营和投资的可能，此时企业更可能选择债务融资方式，从而提升企业的杠杆水平（谭小芬和李源，2018）。

2.2.2 企业高杠杆的经济后果

关于企业高杠杆经济后果的研究，我们主要从企业绩效和企业其他行为方面进行总结和归纳。

（1）高杠杆对企业绩效的影响。

最早关注企业杠杆与绩效之间关系的理论是 MM 理论，该理论认为在完全市场中，资本结构的高低与企业绩效是无关的（Modigliani and Miller，1958）。在 MM 理论之后，学者们又提出了一些理论来解释资本结构（企业杠杆率）

与企业绩效之间的关系，如权衡理论、信号传递理论和优序融资理论等。基于不同的制度环境，国内外大量文献对该理论进行了实证检验，得到不同的结论，主要包含三类。首先，一方面，有研究发现，企业的杠杆率与企业的盈利能力显著正相关（洪锡熙和沈艺峰，2000；王娟和杨凤林，2002；Davydov，2016；刘晓光和刘元春，2019）。另一方面，有研究者却得到了相反的结论，认为企业的杠杆率越高，企业的业绩越差（李义超和蒋振声，2001；Huang and Song，2006；Ghosh，2008；Gonzalez，2013；刘晓光和刘元春，2019）。其次，有一些学者认为，企业杠杆率与企业绩效并非线性关系，两者之间的关系会受到企业其他特征的影响。如 Margaritis 和 Psillaki（2010）考察了资本结构、股权结构与企业绩效之间的关系，研究表明，企业杠杆率越高，企业代理成本越低，企业绩效越好，但随着杠杆率的提升，企业的违约风险增加，会降低企业的绩效，导致企业杠杆率与企业业绩呈现出"倒 U 形"关系。而整体上，企业的杠杆水平与企业绩效显著正相关。Vithessonthi 和 Tongurai（2015）以泰国为例，考察了 2007～2009 年金融危机期间该国非金融企业财务杠杆与企业绩效之间的关系，发现对于整个样本，杠杆率与公司业绩负相关，杠杆率对业绩的影响在国内企业是负面的，在国际企业是正面的，这些结果可能是由面向国际的公司往往比面向国内的公司拥有更多的资源、知识和能力这一事实所驱动的。武力超等（2016）利用我国上市公司数据研究了产品市场竞争程度、资本结构对企业绩效的影响，结果表明，伴随着产品市场竞争程度的提高，资本结构对企业绩效的影响有扩增效果。

（2）高杠杆对企业其他行为的影响。

企业杠杆率的高低在财务学上属于融资结构的范畴，它不仅会影响企业的投资、市场表现，还会影响企业的资金配置效率和企业风险。具体表现在以下4个方面。

第一，企业杠杆率不仅会对企业的资产投资产生影响，还会影响企业的劳动投资。Chiao（2002）研究发现企业债务是支持非科学产业中实物投资和 R&D 投资的资源，但在科学产业中，债务仅支持实物投资，却没有支持 R&D 投资。Ghosh（2012）利用 1995～2010 年的印度制造企业数据实证检验了企业杠杆与 R&D 强度之间的关系，发现使用更多债务的公司表现出明显较低的

R&D 投资强度，而且杠杆对 R&D 支出的抑制作用对外国公司来说是最大的。刘一楠（2016）通过构建面板双门限回归模型研究了企业杠杆与投资之间的关系，研究发现，当企业杠杆位于低位时增加杠杆将促进投资，而当企业杠杆处于高位时增加杠杆则显著抑制企业投资，2012 年后高杠杆对投资的抑制效应更为明显。王玉泽等（2019）实证检验了杠杆率对企业创新的影响，研究发现一般情况下，当企业的杠杆率低于一定数值时（43.01%），增加企业的杠杆率，会同时提升企业的创新投入和产出，降低企业的创新风险。然而，当企业的杠杆率高于这一数值时，继续增加企业杠杆率，会加大企业的创新风险。董丰等（2020）实证检验了企业负债与劳动收入份额之间的关系，发现企业杠杆率越高，劳动收入份额越低。

第二，有学者考察了企业杠杆率对产品市场表现的影响。Matsa（2011）利用美国超市行业的数据研究债务融资是否会削弱超市公司提供高质量产品的动机，研究发现，承担高财务杠杆的公司其货品短缺会增加，且高杠杆公司会降低产品质量以保持当前的偿债现金流。尽管降低质量会侵蚀当前的销售额和客户忠诚度，但公司似乎愿意冒这些风险来获得债务融资的好处。Kini 等（2017）利用美国产品召回数据研究了财务状况对企业生产更安全产品能力的影响，发现高杠杆或财务困境可能性较高的公司召回产品的概率更大。此外，金融危机爆发时债务到期较多的公司经历召回的可能性和频率更高。

第三，有学者基于全要素生产率、金融错配和企业高质量发展的角度研究了企业杠杆和资源配置效率之间的关系。有研究者利用阈值回归模型证实，当杠杆率低于某一水平时，全要素生产率会随着杠杆水平的增加而提升，直到杠杆率达到临界阈值，超过该阈值后，随着杠杆率的提高全要素生产率反而会降低（Coricelli et al., 2012；胡育蓉等，2019）。宁薛平和张庆君（2020）通过对上市公司杠杆率与金融错配之间的关系进行研究，发现当企业的杠杆率低于一定水平时（我们称之为门限阈值），随着杠杆率的提高，企业的金融错配程度会降低，但当杠杆率高于这一水平时，随着杠杆水平的增加，企业的金融错配程度会加重。施本植和汤海滨（2019）实证检验了企业杠杆率对企业高质量发展的影响，结果发现，两者之间呈现显著的"倒 U 形"关系，即当企业杠杆率小于一定水平时（59.84%），增加企业的杠杆率有利于企业的高质量发展，然而，当企业的杠杆率水平高于该值时，随着企业杠杆率的提升将会阻碍企业的高质量发展。

第四，有学者发现，企业的杠杆率还会对企业风险产生影响。如王红建等（2018）指出企业的高杠杆会引发多种问题，如增加企业的融资成本，加大企业的破产风险，弱化企业的投资效率，增加银行的不良资产比例等。胡育蓉等（2019）发现企业杠杆率与企业风险呈现出"U形"关系。

2.2.3 企业去杠杆的可能路径研究

国内外学者针对去杠杆的可能路径作出了大量的研究，主要集中在利用市场化手段、杠杆转移、政府的行政化参与、货币政策的调整与其他去杠杆手段等层面。

（1）市场化手段。

政府多次强调要以市场化的手段积极稳妥地降低企业杠杆率。国内外学者也在探究利用市场化手段降低企业杠杆率方面作出了尝试，包含金融制度的市场化改革和产品市场的市场化改革等。顾乃康和周艳利（2017）立足于卖空的事前威慑角度实证检验了股票二级市场卖空机制的引入对企业融资行为及其决策的作用机理，研究发现，与不允许卖空的企业相比，允许卖空的企业会因较高的财务杠杆引起潜在卖空者更多的关注，遭受事实卖空行为的威胁更大，所以管理层为了避免被卖空者盯上，会主动调低企业的杠杆率。王连军（2018）利用我国上市公司数据研究了金融发展对企业杠杆率的影响，研究发现，金融发展程度的提升有助于企业去杠杆，随着上市公司所在地区金融发展程度的提升，国有企业更愿意选择以偿还债务的方式去杠杆，民营企业更多选择以增加留存收益的方式去杠杆。郑曼妮等（2018）实证检验了利率市场化是否会对过度负债企业的杠杆率产生影响及其作用机制，研究发现，利率的市场化改革能够打破预算软约束，维护市场公平竞争，降低过度负债企业的杠杆率。谭小芬等（2019）利用47个国家或地区非金融上市公司的数据实证检验了金融结构对企业杠杆率的影响，研究发现，一国的金融结构市场化程度越高，企业的杠杆率越低，且两者之间的关系会受到国家制度、行业异质性和企业异质性的影响。李华民等（2020）实证检验了利率市场化对企业杠杆率的影响，发现利率市场化能够通过优化货币的供给、改善企业的内部现金流，从而降低企业的整体杠杆率和金融杠杆率。林爱杰等（2021）利用工业企业数据库数据检验了数字化金融的发展对企业杠杆率的影响，研究发现，数字化金融的发展程度越高，企业的整体杠杆率和短期杠杆率越低。蒋灵多等（2019）利用工业企业数据实证检验了贸易自由化对企业杠杆率的影响，研究发现，随着贸易自由化程度的提升，国有企业的杠杆率显著下降。机制分析发现，贸易自由化不仅减少了高杠杆率企业的退出，还通过提升在位企业的利润水平进而降低在位企业的杠杆率。苏丹妮和丛聪（2020）实证检验了服务业开放对制造业企业杠杆率的影响及其作用机制，研究发现，随着服务业开放程度的提升，制造业的盈利能力大幅度提升，从而降低了企业的杠杆率，而且对僵尸企业的去杠杆效应更加明显。

（2）杠杆转移。

潘晶等（2016）指出，在去杠杆的过程中，要注重杠杆在部门间的转移，部分学者立足于政府债务视角考察了其对企业杠杆率的影响。大多数研究认为，地方政府债务可以对企业杠杆率产生显著的挤出效应（车树林，2019；张庆君和闵晓莹，2019；Demirci et al.，2019），即提升政府的债务水平，可以有效地降低企业杠杆率，实现杠杆在政府部门和非金融企业部门之间的转移。

（3）政府的行政化参与。

为了降低高杠杆给我国企业和金融市场带来的危害，政府也会采取一定的手段促使企业降低杠杆水平，如降低企业的税负、提升政府支出增速和降低政府的隐性担保等。金鹏辉等（2017）指出在政府特定的经济增长目标下，减少政府的隐性担保、提升企业直接融资比例和稳定企业间接融资便利是降低企业杠杆率和稳定经济增长的有效工具组合。陈达飞等（2018）指出提升政府支出的增长速度和落实减税政策的实施，不仅能保证企业有效地去杠杆，还能促进经济的增速发展。申广军等（2018）以2004年增值税转型作为准自然实验实证研究了结构性减税对企业杠杆的影响，研究发现增值税的降低增加了企业的流动资金，降低了企业对流动负债的需求，从而降低了企业的短期杠杆率。郭玉清和张妍（2021）研究发现，减税政策的实施不仅可以通过降低企业利用债务进行减税的动机降低企业的扩展性财务杠杆，还可以通过提升企业的盈利能力降低企业的外部融资需求，从而降低企业杠杆率。

（4）货币政策的调整。

货币政策会直接影响资金的供给，从而对企业的杠杆率产生影响。汪勇等（2018）探讨了银行实施紧缩性货币政策对企业杠杆的影响，研究发现，中央银行政策利率的提升显著降低了国有企业的杠杆率。

（5）其他去杠杆手段。

第一，根据优序融资理论可知，企业一般首选资本成本较低的内源融资，当内部资金不足时，企业才会选择外部债务融资，即当企业的盈利能力较弱，较难产生生产经营所需资金时，会增加企业对外部债务资金的需求，提升企业的杠杆率。所以，企业盈利能力的提升会降低企业杠杆率。国内外多数研究学者发现，企业盈利能力的提升能够满足企业的资金所需，降低企业对外部资金依赖，从而降低企业的杠杆率（Booth et al.，2001；Jong et al.，2008；Huang et al.，2011；陈达飞等，2018）。

第二，劳动保护的增加，提升了企业的经营杠杆和增加了企业的财务困境成本，从而挤出了企业的金融杠杆，即资产负债率降低。Simintzi 等（2015）根据各国就业保护的跨期变化，研究了劳动力市场刚性对企业资本结构决策的影响，研究发现，改革导致了就业保护的增加，增加了经营杠杆，挤出了金融杠杆，使杠杆率降低 187 个基点。Serfling（2016）利用州一级劳动保护法的通过作为员工解雇成本的外生增加来考察与解雇员工相关的成本如何影响资本结构决策，研究发现，在通过这些法律后，企业会降低负债率，这是因为解雇成本的增加会提高企业的财务困境成本，从而挤出企业的财务杠杆。

第三，在对去杠杆的方式进行区分时，有学者认为，企业主动偿还债务、增加盈利以增加内源融资和增发股票均为企业主动降杠杆的方式（Deangelo et al.，2018）。而且企业降低杠杆方式的中"增权"被认为是比较积极的去杠杆方式，而"增权"中的"增本+留利"被认为是较为稳妥的去杠杆方式。其中过度负债程度越高和成长性越好的企业，会越偏好更为"积极"的"增权"方式去杠杆；公司治理水平越低的公司，则会越多地选择更为"不稳妥"的

"其他增权"和"减短债"方式去杠杆（周茜等，2020）。

第四，资本市场的信息中介——信用评级机构的信用评级会通过银行信贷对企业杠杆率产生影响。林晚发和刘颖斐（2019）利用公司的发债数据实证检验了企业信用评级调整对企业资本结构的影响，研究发现当企业的信用评级被下调时，会增加企业面临的融资约束，降低企业对外部资金的依赖，从而使企业杠杆率处于较低水平。

第五，其他去杠杆的手段，包含增加股权融资、转变经济增长模式、人民币升值和促进企业技术创新等。陈达飞等（2018）指出增加企业的直接融资（股权融资）和转变企业的经济增长模式（由投资驱动改变为消费驱动）均能有效地降低企业杠杆率。丁剑平等（2020）使用中国制造业数据研究发现人民币升值显著提升了企业的盈利能力，从而降低了企业的杠杆率。于博（2017）实证检验了技术创新对企业杠杆率的影响，研究发现技术创新能够通过提升产品市场竞争和优化企业产能进而降低企业的杠杆率，而且该效应主要表现在过度杠杆的样本中。

2.3 企业投融资期限错配的相关研究

投融资期限错配是指企业利用短期资金进行长期投资，又被称为短贷长投（马红等，2018a），学术界关于投融资期限错配的研究主要集中在动因、后果及解决措施3个方面。

2.3.1 投融资期限错配的动因

关于企业投融资期限错配的动因研究，我们主要从内因和外因两个方面进行介绍。

（1）内部动因。

关于企业投融资期限错配的内因，本研究将从成本、管理层非理性行为和其他视角展开讨论。第一种观点从短期借款的成本出发，认为基于企业短期借款较低的成本、企业的偿债能力及向外界传递优质企业信号的考虑，高质量的企业一般会选择成本较低的短期借款进行长期投资（Flannery，1986；Goyal and Wang，2013；Kahl et al.，2015）。第二种观点从管理层非理性视角出发，这一脉文献发现，过度自信的管理者在对企业未来的现金流和风险进行评估时，往往会出现高估现金流和低估再融资风险的情况，他们通常认为在短期债务即将到期时自己能够以较低的成本取得所需资金，所以更偏好成本较低和具有优质信号功能的短期借款，从而导致企业投融资期限错配的发生（余明桂等，2006；Huang et al.，2016；Ahmad and Habib，2018；孙凤娥，2019a；孙凤娥，2019b）。赖黎等（2019）通过实证研究发现，具有高管责任保险的公司，管理层的违法成本降低，使管理层更加偏爱利用短期贷款进行长期投资。此外，还有研究发现，投融资期限错配存在同群效应，这种效应是由行业间的竞争性模型导致的（孙凤娥，2019a；孙凤娥，2021）。第三种观点从其他层面出发，认为企业的战略激进度、金融资产配置、公司自主权与家族的控制权均会对企业的投融资期限错配产生影响。郭婧和张新民（2021）指出战略激进型企业因较大的经营风险，使企业面临较大的融资约束，从而更可能利用短期借款进行长期投资。丁龙飞等（2020）研究发现，子公司自主权的提升会诱导子公司从事更多的短贷长投行为，这主要是由母子公司目标偏离和信息不对称所致。沈璐和陈祖英（2020）通过实证检验发现，企业配置金融资产会加剧企业的融资约束，从而加剧企业的投融资期限错配。钟凯等（2018a）通过对非国有上市公司进行实证检验，发现家族控制权越强的企业，越有可能进行利益侵占，使银行更可能利用短期借款进行监督，从而导致企业更可能利用短期借款进行长期投资，加剧企业的投融资期限错配。

（2）外部动因。

关于投融资期限错配的外因，基于信息不对称和委托代理理论，多数学者认为银行为了更好地对企业进行监督以控制其面临的债务违约风险，更愿意使用短期借款，进而导致企业的投融资期限错配（孙铮等，2005；Bharath et al.，2008；Armstrong et al.，2010；Custodio et al.，2013）。多数学者通过研究发现，我国企业的投融资期限错配主要由金融抑制或企业信息环境等原因导致的融资约束，带来替代性的短期借款，增加了企业的投融资期限错配，是企业被动的选择（白云霞等，2016；钟凯等，2016；马红等，2018a；Wu et al.，2019；刘晓光和刘元春，2019；沈红波等，2019；陈晓辉等，2021）。另外，还有学者从官员访问、通货膨胀预期和固定资产加速折旧政策的实施等层面讨论了投融资期限错配的动因。邱穆青和白云霞（2019）发现，官员访问不仅加剧企业的投资扩展意图，还会通过"认证"效应使银行释放出投资所需的短期资金，加剧受访企业的投融资期限错配。李四海和江新峰（2021）通过实证研究发现，随着通货膨胀预期的上升，企业会选择成本较低的短期借款融资和配置更多的长期资产，使企业的投融资期限错配现象更严重。范文林和胡明生（2020）通过实证研究发现，受固定资产加速折旧政策影响的企业，越有可能利用成本较低的短期借款进行更多的长期投资，从而增加企业的短贷长投行为。

总的来说，企业的投融资期限错配既可能是企业为了降低成本、向市场发出优质信号或管理层偏好主动作出的选择，也可能是企业在由于信息不对称或金融抑制等原因导致的融资约束情况下，不得已选择的替代性融资方式。

2.3.2　投融资期限错配的经济后果

投融资期限错配会给企业带来较为严重的经济后果。有研究发现，投融资期限错配不仅会增加企业经营风险（Diamond，1991；Acharya et al.，2011；钟凯等，2019），还会通过加剧企业经营风险、引发非效率投资和提高财务困境成本等途径对公司业绩产生负面效应（钟凯等，2016；马红等，2018a；刘晓光和刘元春，2019）。罗宏等（2018）通过实证研究发现存在短贷长投（短贷长投程度较高）的公司会因较高的经营风险和较大程度的盈余管理被审计师评估为该企业存在较高的审计风险，从而增加审计师发表非标准审计意见的概率。马红等（2018b）研究发现，随着短贷长投程度的增加，企业的创新能力会受到严重地抑制。另外，还有学者从全要素生产率的视角考察了投融资期限错配的经济后果，如盛明泉等（2020）发现企业采用短贷长投的财务策略会通过降低投资效率和现金柔性从而对全要素生产率产生显著的负面影响。

2.3.3　投融资期限错配的解决措施

针对投融资期限错配产生的动因，学术界提出了一些针对性的解决措施。主要包括两个方面：一是针对企业内部原因形成的投融资期限错配的解决措施，主要包括市场化改革和加强对管理层的约束两方面。孙凤娥（2019a）研究发现，市场化改革中引入更多的竞争机制可以缓解由管理层过度自信导致的投融资期限错配，对管理层权力的约束可以缓解由管理层羊群效应导致的投融资期限错配。二是针对由外部原因导致的投融资期限错配的解决措施，主要包括提升货币政策的适度水平、企业与银行建立关联和金融制度改革等方面。钟凯等（2016）发现，较高的货币政策适度水平，可以使银行作出更加符合企业投资活动的信贷决策，降低企业的短贷长投，并且可以减缓短贷长投对企业业绩造成的负面影响。马红等（2018a）基于产融结合的视角发现产业资本和金融资本的融合能够缓解企业的投融资期限错配，这是依靠缓解融资约束来实现的。沈红波等（2019）认为，要利用多层次资本市场的发展，为企业提供更多的股权融资和债券融资渠道，进而增加企业的长期资金，缓解企业的投融资期限错配现象。孙凤娥（2019a）研究发现，直接融资市场的完善可以解决由制度原因导致的投融资期限错配。王红建等（2018）从放松贷款利率限制视角研究了我国利率的市场化改革对企业投融资期限错配的影响，发现利率的市场化改革能够通过延长企业的债务期限降低企业的短贷长投，降低企业的流动性风险。肖继辉和李辉煌（2019）从金融机构市场结构改革的视角发现随着银行业竞争程度的加剧，企业的融资约束得到显著缓解，进而缓解企业的投融资期限错配，并且降低了投融资期限错配对企业业绩产生的负面影响。徐亚琴和陈娇娇（2020）通过实证研究发现，贷款利率上限放开后，银行等资金供给者可以根据客户的风险特征进行市场化定价，增加其提供长期信贷的意愿，此时企业可以通过支付较高的利率获得长期资金，缓解企业的融资约束，从而有效抑制企业的投融资期限错配。而贷款利率下限放开后，银行间竞争的加剧降低了企业的债务融资成本，缓解了企业的融资约束，有效抑制了企业的投融资期限错配。张新民和叶志伟（2021）指出较高的社会信任度可以缓解银行等债权人对企业违约风险的担忧,提供期限更长的贷款,从而缓解企业的投融资期限错配。另外,还有学者发现,良好的内部控制制度可以通过优化企业的会计信息质量和降低代理成本,提升企业的债务期限结构,从而降低企业的投融资期限错配(刘翰林和刘家琛,2021;罗宏等,2021;郑红等,2021)。

2.4 企业债务违约风险的相关研究

2.4.1 企业债务违约风险的影响因素

区别于债务违约,即实质性违约,本研究关注的重点是事前的债务违约风险,因为提前关注债务违约风险,在实质性违约发生之前可以防范较多不良后果的产生。关于债务违约风险影响因素的研究本书将从外部经济环境、会计信息质量、公司治理机制和企业其他行为4个方面进行全面的归纳和总结。

(1)外部经济环境。

第一,宏观经济环境对企业债务违约风险的影响。企业处在国家宏观经济大环境中,宏观经济变动会对所有企业产生各种影响,债务违约风险也不例外。Giesecke 等(2011)基于制度转换模型研究了美国 1866~2008 年的数据,发现公司债券市场经常遭遇集群违约事件,在经济大萧条时期违约发生的频率更高。而且发现股市收益、股市波动的变化和国内生产总值(GDP)的变化对违约率有显著的预测能力,而通货膨胀、消费、工业生产增长率和信用利差,并不能对债券违约产生影响。另外有国内学者立足于宏观经济不确定性视角研究对债务违约风险的影响,如张靖等(2018)发现我国环境不确定性的增加会加剧企业的债务违约风险,而企业积极履行社会责任能够显著缓解这一负面效应。王博等(2019)研究了我国货币政策不确定性对企业债务违约风险和企业经济活动的影响,研究发现货币政策不确定性越大,企业的债务违约风险越高,实际产出越小。

第二，企业所处的外部资本市场对债务违约风险的影响。公司作为资本市场中的主要参与者，资本市场上股票流动性的变化会对企业债务违约风险产生一定的影响。Brogaard 等（2017）发现股票流动性的提升会通过提高股价信息效率和改善大股东的治理降低企业的债务违约风险。张庆君和白文娟（2020）以我国"沪港通"这一制度的实施作为资本市场开放的替代变量，发现股票流动性的提升显著降低了企业的债务违约风险，并且资本市场开放能够加强这一效应。

第三，企业所处的劳动力市场对企业债务违约风险产生的影响。员工作为企业决策的直接执行人，其所处劳动力市场的改革必然会影响劳动成本，从而对企业的债务违约风险产生影响。许红梅和李春涛（2020）以 2011 年《社会保险法》实施为准自然实验，考察了劳动力保护水平的提升如何影响企业的债务违约风险，研究发现劳动保护水平提升后，劳动密集型企业的违约风险出现了较为显著的提升，大约为 1.5%，其中劳动保护水平提高造成的企业经营性负债上升是导致债务违约风险上升的主要渠道。陈晓辉等（2021）以我国上市公司为样本，考察了最低工资标准的上涨如何影响企业的债务违约风险，研究发现最低工资标准的上涨加剧了企业的债务违约风险，投融资期限错配在两者之间起到中介作用。

（2）会计信息质量。

会计信息作为债权人了解企业财务状况和经营成果的主要信息来源，其质量高低及详细程度关乎债权人的放贷和收贷决策，进而对企业的债务违约风险产生影响。叶志锋和胡玉明（2009）研究发现，存在盈余管理的企业，其债务违约风险更高，表明了银行并未对企业的会计信息质量进行识别，降低了信贷资源的配置效率。张兴亮和夏成才（2015）利用民营上市公司的数据发现，会计信息透明度越高的民营企业，在缔结债务契约时获得的借款越多，在债务契约履行中的违约风险也越小，表明信贷资金有较高的配置效率。常莹莹和曾泉（2019）发现评级机构有理由相信环境信息透明度较高的企业，在建立或履行债务契约过程中发生逆向选择或道德风险等机会主义行为的可能性较低，债务违约风险更低，会给与较高的信用评级。另外，还有学者发现特定信息的详略程度也会对债务违约风险产生影响，如董小红等（2020）研究了或有负债信息披露对企业违约风险的影响,发现或有事项信息披露得越充分,信息透明度越高,企业代理成本越小,企业债务违约风险越小。

(3)公司治理机制。

良好的公司治理机制不仅可以降低公司的信息不对称程度,也会监督管理层,降低管理层的机会主义行为,进而降低企业的债务违约风险。Zeitun 和 Tian(2007)利用约旦的数据研究所有权对企业债务违约风险的影响,发现所有权集中的公司债务违约风险更高,而政府持股水平越高,企业的债务违约风险越低。Chiang 等(2015)利用台湾地区的数据研究发现,管理层持股水平和董事薪酬的增加均可以有效降低债务违约风险,然而,大股东持股水平、董事持股水平和董事会规模的增加均会加重企业的债务违约风险。Ali 等(2018)研究发现,更好的公司治理不仅能缓解信息不对称,还能降低交易者面临的逆向选择,提升了股票流动性,股票流动性的增加会通过减少公司对债务融资的依赖和提高公司的偿债能力减轻企业的债务违约风险。Baghdadi 等(2019)发现首席执行官上任后加入董事会的董事人数占比越多,企业的债务违约风险越高,原因是这些董事会成员较少参与和介入战略制定,导致更独立和不稳定的公司业绩以及更高的违约风险。而且,还发现当有强有力的外部监督机制(机构投资者、股票分析师、收购敏感度和媒体报道)约束董事会成员时,增选董事会的负面外部性会减少。国内研究学者仇荣国和张建华(2010)研究发现,我国上市公司的第一股东控股集中度越高,企业的信用违约风险越大,上市公司流通股所占比例越大,企业的信用违约风险越小。陈德球等(2013a)通过对家族企业的研究发现,家族对企业超额控制程度越高,企业债务违约风险越高。同时,李萌和王近(2020)基于企业内部控制的研究发现,较高的内部控制质量,意味着企业拥有较好的风险把控能力和较低的代理成本,从而使企业面临较低的债务违约风险,而且两者之间的负向关系会随着企业信用资质的提升而减弱。

不仅内部治理机制会对企业的债务违约风险产生影响,外部治理机制也会对企业的债务违约风险产生影响。Balachandran 等(2019)发现收购威胁与债务违约风险负相关,企业应对收购威胁的业绩和盈利质量提升是缓解债务违约风险的主要手段。另外,我们还发现对于信息环境较差和较低机构所有权的公司，收购对债务违约风险的威胁更为明显。陈胜蓝等（2020）研究了卖空交易对企业债务违约风险的影响，发现卖空交易能够通过减少企业的新增融资降低企业的债务违约风险。

（4）企业其他行为。

在企业其他行为层面，有学者发现，企业履行社会责任代表了一种重要的企业努力，可以产生有价值的企业资产，促进企业债务责任的履行，还可以产生类似保险的资产来降低企业的债务违约风险（Sun and Cui，2014；冯丽艳等，2016a；冯丽艳等，2016b）。也有学者发现，企业的创新活动增加了新来者的进入成本，并有助于防止竞争对手使用类似的技术，创新中的这种竞争优势会提高企业的财务稳定性并降低它们的债务违约风险（Hsu et al.，2015）。而在我国会有不同的情形出现，孟庆斌等（2019）利用我国上市公司的数据对两者关系进行检验，发现在一定的阈值水平内，增加企业的创新投入会降低企业的债务违约风险，而当超过该阈值时，随着创新投入的增加，企业的债务违约风险也会随之提高。也有学者从企业整体战略层次考察了对债务违约风险的影响，如王化成等（2019）发现企业战略定位偏离行业常规模式的程度越大，企业债务违约风险越大，其主要通过代理成本和经营风险两条路径对债务违约风险产生影响。郭婧和张新民（2021）基于战略激进度的视角发现，造成企业爆发债务违约的诱因之一是企业的战略较为激进，企业战略激进度越高，企业的投资效率越低，企业的金融资产负债率越高，企业的短贷长投程度越大，从而增加企业的债务违约风险。另外，还有一些学者从企业其他行为层面探讨了对债务违约风险的影响。如 Becchetti 和 Sierra（2003）利用随机前沿法衡量企业的破产风险，发现生产效率低下的企业，未来破产的风险更大。Molina（2005）使用工具变量法发现企业杠杆对债务违约风险的负面影响是忽略内生性时的3倍，而且财务困境事前成本的增加可以抵消杠杆产生的税收收益，这就是企业不过多使用杠杆的原因之一。Menkhoff 等（2006）以泰国为例，发现在新兴市场上抵押品似乎比发达市场更重要，银行使用抵押品主要是为了降低相对较高的信用违约风险，而不是信息不对称。Anderson 和 Mansi（2009）认为，客户满意度是企业未来利润流实现程度和稳定性的一个重要的前瞻性指标，拥有大量或稳定净现金流的公司应被视为风险较低的借款人，他们的债务违约风险更低。潘泽清（2018）认为导致债务违约风险提高的因素不仅是负债水平提高，还有企业盈利能力和发展能力的不足。张志宏和王品（2020）发现相比于非纳税诚信企业，纳税诚信企业的债务违约风险更低，而且内部控制在两者之间发挥中介作用。

2.4.2 企业债务违约风险的经济后果

债务违约风险属于非实质性违约，关于其经济后果的研究相对较少，本研究将从资本市场、企业和其他利益相关者层面进行归纳和综述。

（1）资本市场层面。

立足于资本市场层面，从股票流动性、股票回报和股价崩盘风险视角对其经济后果进行考察。有学者发现，当企业债务违约风险较高时，会对投资者的融资行为产生抑制作用，从而降低股票的流动性（谭春枝和闫宇聪，2020）。关于债务违约风险对股票回报的影响，有两种不同的观点，一种观点认为高失败风险的股票往往会产生异常低的平均回报（Campbell et al.，2008）。另一种观点认为，以前的研究使用高噪声的事后实现回报来估计预期回报，而我们使用基于隐含资本成本的事前估计。结果表明，投资者投资于债务违约风险较高的公司会要求更高的股票回报（Vassalou and Xing，2004；Chava and Purnanandam，2010）。另外，还有一些学者探讨了企业债务违约风险对股价崩盘风险的影响，如李诗瑶（2019）利用KMV模型度量企业债务违约风险，发现债务违约风险显著提升了企业的股价崩盘风险。

（2）企业层面。

从企业角度来看，债务违约风险会增加企业陷入财务困境的可能、增加企业未来再融资的成本以及可能面临的控制权转移等情形，所以企业会利用各种手段来掩盖企业的高债务违约风险，以避免出现以上情形。有学者发现，债务违约风险越高的企业为了掩饰自身的高风险，会利用增加研发支出资本化金额（李昊洋和韩琳，2020）、更多盈余管理行为（Franz et al.，2014）等手段来提升市场的预期，尤其在债务违约风险更高的企业中表现得更加明显。也有学者发现，当企业的债务违约风险较高时，更可能在下一个财务报告期更换高层管理人员，并且随着高层管理人员的变动，这些公司的债务违约风险会显著下降（Ting，2011）。此外，当企业预期债务违约风险较高造成的债务违约会使控制权发生转移时，企业更可能使用更加保守的财务报告准则（Tan，2013）、削减资本支出（Chava and Roberts，2008）及降低企业净负债的发行（Roberts and Sufi，2009）。还有一些学者认为债务违约风险越高的企业，债权人的监督越到位，企业的其应计盈余管理和真实盈余管理水平越低（李诗瑶等，2020）。

（3）其他利益相关者层面。

从其他利益相关者层面出发，当企业的债务违约风险较高时，无论是我国的宏观经济、外部监管者的审计师还是产品市场的消费者均会受到影响。对宏观经济而言，汇总层面的企业债务违约风险越高，对实体经济的资金供求关系影响越大，政府越可能采取更加宽松的货币政策，表现为增加未来信贷投放规模和降低借贷利率（肖志超等，2021）。对于审计师而言，审计师不仅会提高债务违约发生之前的审计收费，还会提高债务违约发生之后的审计收费。这表明审计师对债务违约风险很敏感，能够在实质性债务违约发生之前作出反应（陈婧等，2018）。对于产品市场的消费者而言，当航空公司的债务违约风险增加时，其提供的服务质量会下降，这与财务困境降低公司投资质量的动机是一致的（Phillips and Sertsios，2013）。

2.5 文献评述

通过对资本市场开放经济后果、企业杠杆率、投融资期限错配和债务违约风险几个领域的文献梳理发现。一方面，国外多数学者从一国经济的发展、股票市场效率和稳定性、公司治理等层面探讨了资本市场开放的经济后果。沪深港通交易制度的实施作为我国股票二级市场的市场化改革受到了广大学者的重点关注，学者们主要从股票市场的定价效率和公司治理层面进行了研究。其中，张庆君和白文娟（2020）基于沪港通交易制度实施的研究发现，资本市场开放能够强化股票流动性与债务违约风险之间的负面关系。同时马永强和张志远（2021）基于过度负债企业的视角，发现资本市场开放能够显著提升该类型企业的去杠杆程度。从研究内容上看，资本市场开放经济后果的研究关注到了资本市场开放对股票流动性与债务违约风险之间的调节关系、资本市场开放和过度负债企业去杠杆程度之间的关系。但是，资本市场开放作为我国重要的金融制度改革，对企业债务风险的治理效应可能是直接的、普遍的和全面的，而不限于调节关系、某类特殊企业和特定的债务风险。基于此，本研究从我国的现实债务背景出发，从高杠杆风险、投融资期限错配风险和债务违约风险3个角度，构建本研究的主要框架，从沪深港通开通的视角较为直接地、普遍地和全面地考察了资本市场开放对我国企业债务风险的治理效应，并深入探讨其内在作用机制和不同情形下的作用差异，丰富了资本市场开放治理作用这一层面的文献。

另一方面，近年来，受我国经济增长模式的影响，我国非金融企业的杠杆率处于较高水平，在此过程中，由于我国制度因素和管理层非理性行为的影响，企业面临较高的投融资期限错配风险，并且加剧了企业的债务违约风险。通过对企业高杠杆、投融资期限错配和债务违约风险3个领域的文献进行梳理和回顾发现，由于债务风险会对我国的经济高质量发展和金融稳定等造成严重的伤害，所以如何有效缓解企业的债务风险受到了学术界和政府部门的重点关注。具体表现为：第一，关于如何有效降低杠杆的研究主要集中在利用市场化手段、杠杆转移、政府的行政化参与和货币政策的调整等方面，与本研究最相关的是利用市场化手段去杠杆方面的文献，主要包括利率市场化改革、金融发展程度提升、金融结构的市场化程度改革、贸易自由化提升和卖空机制的实施等。较少有学者从股票二级市场的对外开放出发考察资本市场开放对企业高杠杆风险的治理效应。本研究从股票二级市场的对外开放视角出发，考察了资本市场开放对企业杠杆水平的影响，并进一步考察了该治理效应的结果是否使企业的资本结构实现优化，补充了企业高杠杆风险缓解机制的研究。第二，大多数研究认为我国的投融资期限错配是资金供给方的原因所致，所以投融资期限错配缓解机制的研究更多集中在"引资"视角，除了孙凤娥（2019a）认为，利用市场化手段对管理层进行约束（"引制"）能够缓解由管理层羊群效应导致的投融资期限错配外，鲜有研究同时立足于"引制"和"引资"的视角探讨对投融资期限错配的缓解。本研究利用资本市场开放能够对管理层进行约束和缓解融资约束的结论，深入探讨了资本市场开放对企业投融资期限错配的影响，本研究从"引资"和"引制"视角拓展了企业投融资期限错配缓解机制的研究。第三，以往关于缓解企业债务违约风险的研究主要集中在资本市场层面和企业内部视角层面。一方面，从资本市场视角出发，已有研究发现卖空交易的发生、收购威胁的存在和股票流动性的提升均会对企业的债务违约风险起到很好的抑制作用（Brogaard et al., 2017; Balachandran et al., 2019; 陈胜蓝等，2020；张庆君和白文娟，2020）。但是，以上文献都并未将研究聚焦在股票二级市场对外开放政策上。因此，本研究基于"沪深港通"交易制度实施这一准自然实验，考察资本市场对外开放与企业债务违约风险之间的关系，深入探讨股票二级市场的对外开放能否以及如何影响企业的债务违约风险，与前人研究相比，本研究将尝试从债务违约风险资本市场层面的缓解机制向更加广泛和细致的层面推进。另一方面，从企业内部视角出发，大多数文献从公司治理和会计信息质量这些新的视角进行探讨，本研究同样从公司治理与会计信息质量视角出发，深入探讨资本市场开放对公司治理水平和会计信息质量产生的效应是否以及如何影响企业的债务违约风险。区别于以往文献，本研究将尝试从资本市场对外开放引入的境外投资者治理这一视角对企业债务违约风险缓解机制的文献进行补充，以期丰富这一领域的文献。

综上所述，在我国沪深港通交易制度实施的背景下，关于资本市场开放对企业债务风险的影响尚未梳理清楚，值得我们深入探讨和研究。

第 3 章

制度背景与理论分析

本章首先介绍了资本市场开放的历史进程,并重点阐述了沪深港通交易制度的推出背景、制度特点和运行情况。然后根据本书的研究问题重点回顾了相关理论,包括委托代理理论、信息不对称理论、优序融资理论和期限匹配理论。最后针对本书的研究问题进行理论分析并搭建相关的研究框架,为后续章节的实证研究提供理论支持。

3.1 制度背景

3.1.1 资本市场开放的历史进程

随着经济全球化的发展趋势和各国逐渐开放本国资本市场的实践,我国政府部门也逐渐放开了对资本市场的限制,相继推出了一些举措走上引进外资投资者的道路。这些举措主要包括:(1) 从 1992 年开始,允许境内上市公司发行人民币特种股票 B 股,它是以人民币标值,由境外投资者和持有合法外汇存款的大陆居民以外币认购和交易的股票。B 股的发行为境内上市公司引入更多的境外资本。(2) 从 1993 年开始,中国证监会允许境内的企业到香港证券交易所上市,允许境外的投资者认购其股票,极大地鼓励了境外资本对我国企业的投资意愿。(3) 2002 年 11 月,中国证监会和央行联合推出了合格境外机构投资者制度①，QFII②制度于2003年5月正式实施，允许满足一定监管要求的机构投资者投资于我国沪深A股上市公司的股票，实现了投资者结构上的优化。(4) 为了满足境内外投资者的投资需求和实现投资的便利性，我国分别于2014年11月和2016年12月，开通了沪港股票交易互联互通机制试点和深港股票交易互联互通机制试点（以下简称沪深港通交易制度），这一举措的实施代表我国资本市场的双向开放又迈上了一个新台阶。

3.1.2 沪深港通交易制度

（1）推出背景。

2014年4月10日，李克强在博鳌论坛上指出，为实现我国与国际市场的深度融合，不断提升对外开放的层次和水平，要积极创造条件建立沪港股票市场交易互联互通机制。紧跟其后，中国证监会和香港证监会发布联合公告，批准上海证券交易所和香港联合交易所开展沪港通互联互通机制试点。2014年11月17日，沪港通交易制度正式启动。随着沪港通的成功实施和相关制度规定的逐步完善，我国于2016年12月5日，正式启动深港通。

（2）制度特点。

沪深港通交易制度的制度特点如表3-1所示：

表3-1　　　　　　沪深股通交易制度的制度特点

交易制度	内容（资金流向）	内容含义	制度设计特点
沪港通	沪股通	指香港境内的投资者可以委托香港的经纪商，经由香港联合交易所在上海设立的证券服务公司，向上海证券交易所进行申报，买卖沪港通规定范围内的上海证券交易所上市的股票。	第一，该制度面向全部香港投资者开放，不仅包含机构投资者，还包含个人投资者，这些投资者均可以在规避外汇管理政策的基础上直接匿名交易沪深股通标的股票；

---

① 详见2002年11月8日，中国证监会和中国人民银行联合下发《合格境外机构投资者境内证券投资管理暂行办法》。

② QFII为（Qualified Foreign Institutional Investors）的英文缩写，中文为合格的境外机构投资者。

续表

交易制度	内容（资金流向）	内容含义	制度设计特点
沪港通	港股通	指内地投资者可以委托境内的证券公司，经由上海证券交易所在香港设立的证券交易服务公司，向香港联合交易所申报，买卖沪港通规定范围内的香港联合交易所上市的股票。	第二，该制度的实施不仅可以使香港投资者，还可以使海外投资者通过香港联合交易所这个平台交易沪深交易所符合条件的股票。投资者门槛的降低和境外投资者更直接地参与极大地激发了境外投资者的投资热情。
深港通	深股通	指香港境内的投资者可以委托香港的经纪商，经由香港联合交易所在深圳设立的证券服务公司，向深圳证券交易所进行申报，买卖深港通规定范围内的深圳证券交易所上市的股票。	
深港通	港股通	指内地投资者可以委托境内的证券公司，经由深圳证券交易所在香港设立的证券交易服务公司，向香港联合交易所申报，买卖深港通规定范围内的香港联合交易所上市的股票。	

（3）运行情况。

自沪港通交易制度实施以来，沪深股通受到了境外投资者的投资热情，有数据显示，2014～2020年沪深股通年度成交总额分别为1675.12亿元、14710亿元、7710亿元、22660亿元、46740亿元、97570亿元和210886亿元[①]，大体呈现逐年上升的态势，图3-1详细展示了2014年以来沪股通和深股通年度成交总额情况。此外，进入沪深股通标的公司的名单也在逐步调整，首批进入沪股通标的股票的是上海证券交易所上证180指数、上证380指数的成份股，以及上海证券交易所上市的符合相应条件的A+H股596只公司股票；首批进入深股通标的股票的是深圳证券交易所深证成份指数、深证中小创新指数成份股和A+H上市公司中符合条件的881只公司股票。首批进入标的名单的股票随后有一部分被剔除，在以后的每一年中，会有少许的公司被纳入

---

① 香港联合交易所网：https://sc.hkex.com.hk/TuniS/www.hkex.com.hk/MarketData/Statistics/Consolidated-Reports/Annual-Market-Statistics?_sc_lang=zh-CN。

或剔除沪深股通标的名单，详细数据如图 3-2 和图 3-3 所示①。这些标的股票名单的动态变化为本研究提供了类似于错层的外生事件场景，使本研究可以在有效地克服内生性问题的基础上利用 DID 模型研究资本市场开放对企业债务风险的影响。

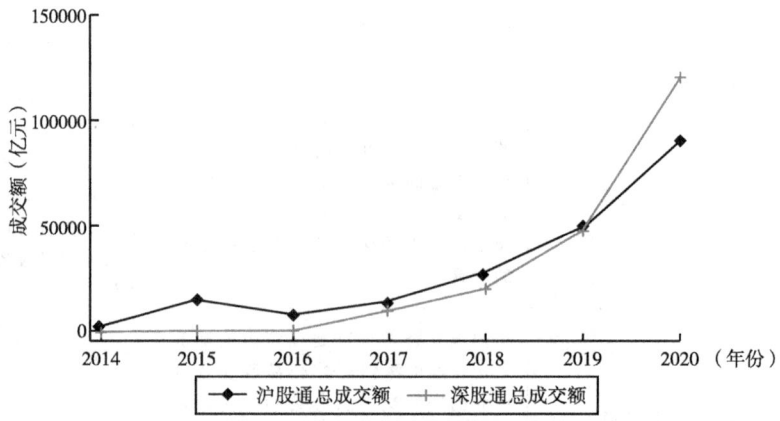

图 3-1　沪深股通年度成交情况

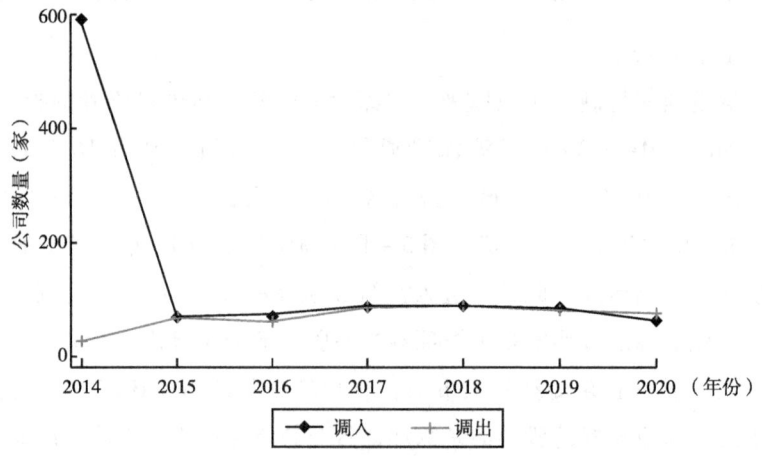

图 3-2　沪股通标的公司调入与调出情况

---

① 作者自行整理所得，资料来源于 CSMAR 数据库。

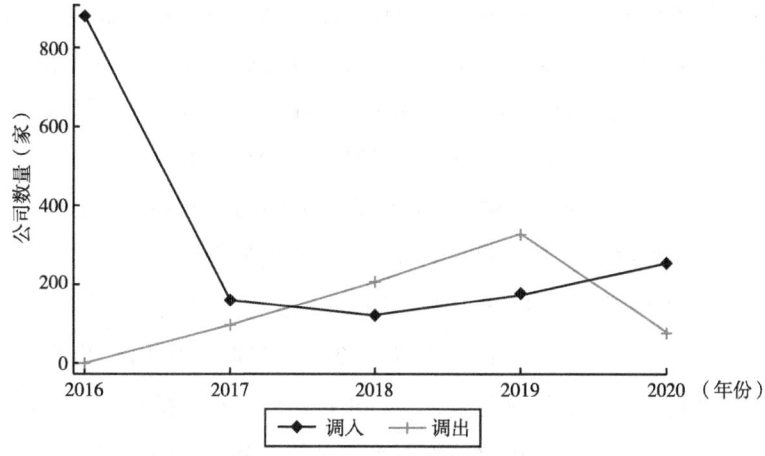

图 3-3 深股通标的公司调入与调出情况

3.2 理论基础

3.2.1 委托代理理论

随着生产力的发展导致市场更加精细化的分工，权利的所有者由于能力等原因难于行使自己的权利，此时他们会聘请更加专业化的代理人代替他们行使权利，在此情况下，出现了所有权和经营权的分离。美国经济学家 Berle 和 Means（1932）最早提出了委托代理理论，他们认为，由于所有者和经营者的利益诉求不一致，两权分离会增加企业的内部成本，这成为了委托代理问题的开端。Jensen 和 Meckling（1976）把代理关系定义为一种契约关系，根据这些契约，委托人雇佣代理人代表他们执行一些服务，如果双方均为效用最大化者，有充分理由相信代理人不会总是以委托人的最佳利益行事。此时委托人可以通过监督代理人的异常活动、向代理人支付担保费用来限制代理人与其利益的背离。即使是这样，还可能存在一些损失成本，这些损失成本、监控成本和担保费用共同构成了企业的代理成本。委托代理理论的本质就是设计一系列契约，尽可能降低代理成本，使委托人和代理人的利益趋于一致。

在现在的企业关系中，由股东和管理层之间利益不一致导致的代理问题属于第一类代理问题。管理层为了实现个人私有利益的最大化，会从事一些损害股东利益的行为，如在职消费（Jensen and Meckling，1976；卢锐等，2008）、超额薪酬（Core et al.，1999；代彬等，2011）、构建商业帝国导致企业过度投资等（Jensen and Meckling，1976；干胜道和胡明霞，2014）。资本市场开放后，如果出现管理层损害股东利益的行为，引入的外资股东会通过参与治理或股票交易的方式对管理层形成监督，降低管理层的私有利益（Bae et al.，2006；陈运森和黄健峤，2019；赵东等，2020；陈坤，2021），当管理层的损失大于其侵害股东利益所得收益时，会停止损害股东权益的行为。因此，本研究认为资本市场开放是一种有效的外部治理机制，其引入的外资股东能够在一定程度上利用监督或股票交易的方式对管理层行为形成约束，降低代理成本，提升公司的治理水平。

3.2.2 信息不对称理论

信息不对称理论作为信息经济学领域经典的理论之一，最早由美国经济学家 Akerlof（1970）提出。该理论指出，在市场交易活动中，参与交易的双方掌握信息的程度是有差异的，因卖方对产品质量更为了解，所以比买方更具信息优势，他们会通过其掌握的信息优势从交易中获取利益，而买方因掌握信息较少处于劣势地位，最终导致其利益受损。该理论认为，双方信息的不对等会产生两种结果，一是交易行为发生之前的"逆向选择"，二是交易发生之后的"道德风险"。为了避免这两种结果的出现，最有效的方式是通过信息传递与交流缓解双方面临的信息不对称问题。

具体到本研究，受境内投资者信息获取、解读能力和上市公司信息操纵等影响，股票市场存在更为严重的信息不对称现象，使股票价格难以及时反映企业的信息。资本市场开放后，企业的信息环境得到了显著改善。郭阳生等（2018）发现资本市场开放可以通过引入更多中介机构（如分析师、媒体）的跟踪，挖掘更多企业信息进行传递，从而降低企业的信息不对称程度。钟凯等（2018b）认为，沪港通实施之后，引入的境外投资者会增加资本市场的信息需求，管理层会主动提升企业的信息披露质量以进行市值管理，此外，境外投资者还会利用其强大的信息搜集、处理和分析能力，将市场信息及时反映至股价以提高股价的信息含量。钟覃琳和陆正飞（2018）发现资本市场开放引入的境外投资者具备更好的资源和先进的投资经验，他们能够将获得的信息准确及时地反映至股票价格，提升股票信息含量以改善企业信息环境。阮睿等（2021）发现资本市场开放实现了内地资本市场和香港资本市场的整合，会使管理层面临较大的竞争压力和潜在信息操纵成本进而主动提高会计信息质量。因此，本研究认为资本市场开放能够降低企业信息不对称程度，改善企业的信息环境。

3.2.3 优序融资理论

在资金需求者和提供者之间，由于信息不对称的存在，导致不同融资方式的成本不同。优序融资理论最早由 Myers（1984）提出，在信息不对称的基础上，同时将交易成本纳入考虑范围。该理论认为，由于信息不对称的存在，企业会根据融资成本的高低选择合适的融资方式。由于内源融资来源于企业的经营所得，其受到的限制较少，交易成本较低，因此作为企业首选的融资方式；当企业的内源融资无法满足企业的资金需求时，外部融资中的债务融资因利息可以抵税降低融资成本成为企业的次要选择；而当企业的债务融资会给企业带来较高的财务风险时，债务融资的抵税优势被财务风险抵消，此时企业会选择股票融资的方式。

国内外多数学者的研究支持了优序融资理论的预测（Huang et al.，2011；蒋灵多等，2019；丁剑平等，2020；蒋灵多和张航，2020；苏丹妮和丛聪，2020）。Huang（2011）通过中国的数据研究发现，盈利能力较强的企业，可以通过内部资金满足投资所需资金，降低对外部资金的依赖，从而降低企业的杠杆率。蒋灵多等（2019）利用工业企业数据研究发现，贸易自由化可以通过增加在位企业的利润水平，使企业获得更多的内部资金，从而降低对外部资金的依赖，进一步降低企业的杠杆率。丁剑平等（2020）使用中国制造业数据研究发现，人民币升值显著提升了企业的盈利能力，增加了企业的留存收益，使企业对外部资金的需求下降，从而降低了企业的杠杆率。苏丹妮和丛聪（2020）从服务业外资管制放开的视角发现，随着服务业开放程度的提升，制造业的盈利能力大幅度提升，从而降低了对外部资金的依赖，降低企业的杠杆率。蒋灵多和张航（2020）发现，国有企业的改制重组通过改善企业的生产效率和促进创新，增加了企业的盈利能力，降低对外部资金的需求，从而实现杠杆率的降低。因此，本研究预期资本市场开放作为重要的外部治理机制，有助于提升标的企业的经营业绩，增加企业的内源融资，降低企业对外部债务资金的需求。

3.2.4 期限匹配理论

Morris（1976）最早提出了期限匹配理论。该理论认为企业在融资的过程中，应该根据资金的使用期限来安排资金的借贷期限，保证资产期限和债务期限的匹配，以降低企业资产无法产生足够的现金流偿还债务利息和满足再投资需要的风险。后期的研究从代理成本、债务谈判、产品需求的周期性视角论证了期限匹配理论的合理性。Myers（1977）从代理成本的视角论证了这一理论，他认为，当企业的债务期限与资产期限相匹配时，资产产生的收益能够对债务进行有效的偿还，那么企业在未来有新的投资机会时就不会放弃，避免了投资不足现象的出现。Hart and Moore（1994）从与债权人谈判的视角论证了这一理论的合理性，他们指出，在资产投资之前，债务已经存在，当企业的债务偿还期限较为严格时，债务人会通过退出项目威胁债权人与其谈判，使债权人作出让步，债权人为了杜绝此类事情的发生，最行之有效的方法就是根据债务人的资产收益期限来决定债务期限。也有学者从产品需求周期性视角论证了这一理论的可行性，Emery（2001）指出，由于需求的周期性，资产的投资也存在周期性，在需求高峰期时，企业需要更多的资金支持资产投资，而在非高峰期时，企业可以相应减少对资产的投资。面对企业的周期性资产投资情况，企业面临 3 种融资选择：一是在资产投资高峰期时进行一次性长期融资，以满足后续投资所需的所有资金；二是在资产投资发生的每个时期进行短期融资；三是在资产投资的非高峰期时进行长期融资以满足以后时期的投资需要，当高峰时期出现资金不足时再以短期债务进行补充。为避免过高的债务成本，第 3 种选择无疑是最佳的。

然而，由于资金供给方或资金需求方的某些原因，企业会出现资产期限和债务期限不匹配的现象，即投融资期限错配（白云霞等，2016；钟凯等，2016；王百强等，2021；叶志伟等，2021）。正如理论预期，企业的投融资期限错配会产生严重的经济后果。有研究发现，投融资期限错配不仅会增加企业经营风险（Diamond，1991；Acharya et al.，2011；钟凯等，2019），还会通过加剧企业经营风险、引发非效率投资、提高财务困境成本等途径对公司业绩产生负面效应（钟凯等，2016；马红等，2018a；刘晓光和刘元春，2019）。因此，由债务期限结构导致的投融资期限错配已经成为迫切要解决的债务问题。

3.3 理论分析框架

本研究主要基于委托代理理论和信息不对称理论，从我国的现实债务风险出发，研究资本市场开放的债务风险治理效应。首先，从委托代理理论的视角来看，由于所有权和控制权的分离，出现了股东与其代理人利益诉求不一致的情形，代理人为了实现自身利益的最大化，会从事一些损害股东利益的行为，增加企业的代理成本和融资约束等。资本市场开放能够通过外部治理效应作用于企业的债务风险。一是资本市场开放引入了具有更加专业信息搜集和处理能力的境外投资者，这些境外投资者的"用脚投票"及其杠杆效应均会对管理层形成监督，提升企业的投资效率，抑制管理层的机会主义行为和非理性行为，从而降低企业的债务风险。二是作为资本市场开放的"排头兵"，沪深港通标的公司能够引来更多资本市场中介的跟踪，这些市场中介作为企业重要的外部监督机制，能够对代理人机会主义行为和非理性行为进行监督，从而降低企业的代理成本，实现对债务风险的有效治理。其次，从信息不对称理论的视角来看，由于信息生产者本身所处的优势地位、信息解读能力和信息操纵等原因，使信息生产者和信息需求者之间存在严重的信息不对称，增加管理层从事损害企业价值行为的可能性和企业的融资约束。资本市场开放能够通过信息治理效应作用于企业的债务风险。一是资本市场开放可以通过引入更多分析师和媒体的跟踪挖掘更多的企业信息将其传递至资本市场，降低企业的信息不对称程度。二是资本市场开放通过加大企业面临的竞争压力和潜在的信息操纵成本促使企业主动提高会计信息质量，从而优化企业的信息环境。三是资本市场开放引入的境外投资者能够将其所掌握的优势信息及时准确地反应至股价，促进股票价格对企业特质信息的吸收和消化以改善企业的信息环境。企业信息环境的改善不仅能够缓解企业的融资约束，还可以通过增加管理层高风险融资行为被揭露的成本，从而抑制企业的高风险经营行为，进一步降低企业的债务风险。总的来说，委托代理理论和信息不对称理论指出，资本市场开放形成的外部治理和信息治理效应不仅能够通过监督管理层降低其从事损害企业利益的行为，还可以通过缓解企业的融资约束，实现对债务风险的有效治理。以上便是本研究总体的理论框架和思路逻辑。

党的十九大以来，如何防范和化解重大金融风险成为政府部门和学术界共同关注的重要话题。受我国融资方式的影响，债务风险构成了金融风险的主要内容。具体到企业层面，根据债务资金的运动过程，债务风险可以表现为取得或使用过程中和偿还债务时所出现的风险，即使用过程风险和结果风险。基于此，本研究首先，从债务使用过程风险角度检验了资本市场开放对债务风险的治理效应，具体来说，考察资本市场开放对债务使用过程中的总债务结构风险（企业杠杆率）和使用过程中的债务期限结构风险（企业投融资期限错配）的影响；其次，本研究从债务偿还结果风险的角度考察资本市场开放对债务风险的治理效应，具体考察资本市场开放对企业债务违约风险的影响。本研究具体的理论框架如图3-4所示。

资本市场开放一是可以引入具有丰富投资经验的境外投资者，他们不仅可以利用监督或股票交易的形式约束管理层的机会主义行为，还可以将其所掌握的优势信息反应至股价，提高股价的信息含量；二是可以引入更多资本市场中介的跟踪，这些中介机构不仅能够监督管理层行为，还可以挖掘更多的企业信息传递至资本市场，从而实现外部监督机制的强化和信息环境的优化。本研究从债务风险产生的环节出发，分别从企业杠杆率、投融资期限错配和债务违约风险3个维度研究资本市场开放的债务风险治理效应及其作用机制。

第3章 制度背景与理论分析

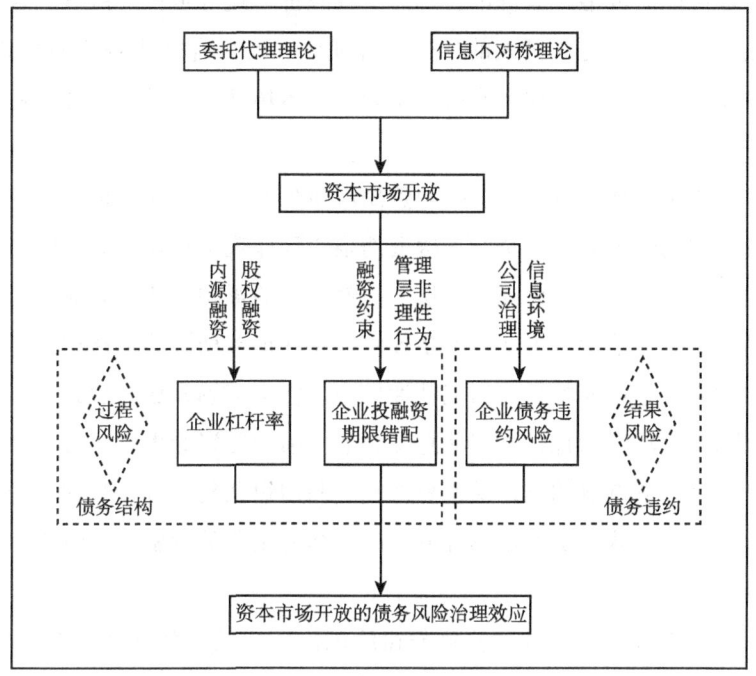

图 3-4 整体理论分析框架

第一，资本市场开放对企业杠杆率的影响。作为债务使用过程中有关债务使用总量的风险，企业杠杆率体现了企业资产中总债务的构成。从优序融资理论的视角来看，当企业内源资金能够满足投资和经营所需时，企业会降低对外部融资的依赖，从而使企业保持适度的杠杆水平。从信息不对称理论视角来看，股权融资成本的降低会使企业更加偏好成本较低的股权融资，降低对债务资金的依赖，从而使企业保持适度的杠杆水平。资本市场开放之后，企业管理层有动机利用合理的手段降低企业的杠杆率。一方面，资本市场开放之后，引入的境外投资者往往具有较高的投资能力和经验，他们对企业的高财务杠杆行为更加敏感，当他们发现企业存在较高的财务杠杆时，会通过股票交易的方式对企业的股价产生负面影响。管理层出于维护股价和自身利益的动机，会主动降低企业的财务杠杆。另一方面，作为资本市场开放的"排头兵"，沪深港通标的公司会引来更多资本市场中介的跟踪，这在一定程度上会增加其私有信息被挖掘的可能性，当企业存在高风险经营行为时，被曝光的可能性增加，且该风险信息极可能会被融入股价中，从而引致股价下跌等损失。所以，为了避免该负面效应对管理层造成更大的损失，管理层有动机合理化企业的财务杠杆，如降低企业的杠杆率。因此，本研究认为资本市场开放之后，标的企业的杠杆率会显著下降。

第二，资本市场开放对企业投融资期限错配的影响。作为债务使用过程中有关债务使用期限的风险，企业投融资期限错配体现了企业债务期限结构所导致的风险。受企业融资约束或管理层非理性行为的影响，我国企业广泛存在债务期限结构较短的情形，由此导致多数企业存在债务期限和资产期限不匹配的情形，可能会使企业面临较高的流动性风险。资本市场开放之后，外部监督机制的加强和信息环境的优化不仅能降低企业面临的融资约束，还可以对管理层的非理性行为形成有效约束，从而降低企业利用短期贷款进行长期投资的可能性。因此，本研究认为资本市场开放之后，标的企业的投融资期限错配程度会显著下降。

第三，资本市场开放对企业债务违约风险的影响。作为企业债务偿还过程中的风险，企业的债务违约风险在一定程度上体现了企业可能出现债务违约的可能性。债务违约不仅会使企业陷入财务困境，还会给债权人造成严重损失，更甚者会影响到宏观金融稳定。学术界针对如何降低企业的债务违约风险进行了一系列研究，其中提升公司治理水平和改善会计信息质量被认为是非常有效的途径。资本市场开放以后，外部治理机制的强化和企业信息环境的提升会降低管理层损害企业价值的自利行为，从而降低企业的债务违约风险。因此，本研究认为资本市场开放之后，标的企业的债务违约风险会显著下降。

3.4 本章小结

本章第一部分介绍了资本市场开放的历史进程，并重点阐述了沪深港通交易制度的推出背景、制度特点和运行情况。第二部分回顾了本研究内容的相关理论基础，即委托代理理论、信息不对称理论、优序融资理论和期限匹配理论。第三部分在现实背景与相关理论的基础上，构建了本研究整体的理论分析框架，即资本市场开放通过强化企业的外部监督和优化企业的信息环境，不仅能改善企业融资环境，还可以约束管理层的不当行为，从而对债务风险产生有效的治理作用。本研究从债务风险产生的环节视角出发，分别从企业杠杆率、投融资期限错配和债务违约风险3个维度检验资本市场开放的债务风险治理效应。本研究后续将在这一理论框架的基础上利用实证方法深入分析资本市场开放的债务风险治理效应以及其背后的作用机制。

第 4 章

资本市场开放与企业杠杆率

已有文献证实了资本市场开放作为重要的外部治理机制,能够强化企业的治理水平和效果。本章从企业总体债务结构风险出发,考察资本市场开放是否有助于治理企业的高杠杆风险,并进一步分析该影响发挥作用的场景及其内在手段。实证结果发现,资本市场开放显著降低了标的企业的杠杆率。成为沪深港通标的企业后,该企业杠杆率显著下降,且当管理层持股比例较高、标的股票交易活跃度较高时,资本市场开放对企业杠杆率的降低作用更加显著。降低杠杆率的手段结果表明,资本市场开放通过增加企业内源融资和股权融资的方式,降低了企业对债务资金的依赖,从而降低了企业的杠杆率。横截面测试结果显示,当企业无 QFII 持股、聘用非"国际四大"会计师事务所时,资本市场开放对企业杠杆率的降低效应更加显著。降低杠杆率的结果显示,一方面,当企业过度负债时,资本市场开放降低企业杠杆率的效应更加明显,降低了过度负债企业的"坏杠杆",保留了负债不足企业的"好杠杆";另一方面,资本市场开放显著提升了标的企业资本结构的动态调整速度,优化了企业的资本结构。本章的研究结果意味着,资本市场开放能够提升企业的内源资金和股权融资额,降低企业对外部债务资金的依赖,从而降低企业的杠杆率,对高杠杆风险起到很好的治理作用。

4.1 引 言

自 2008 年金融危机以来,在追求 GDP 高速增长的背景下,在我国以"债务驱动投资"作为提升 GDP 的主要经济增长模式下,我国非金融企业的杠杆率一直处于较高水平。据中国社会科学院国家资产负债表研究中心发布的研究数据统计,2008~2020 年,我国非金融企业部门的杠杆率从 95.2% 上升至 162.3%[①],不仅高于其他部门,还高于其他新兴市场国家(任泽平和冯赟,2016)。过高的杠杆不仅会给企业带来较大伤害,还会给我国的经济发展和金融稳定带来较大影响。从微观层面来讲,过高的杠杆率不仅会降低企业业绩、抑制企业的创新投资、增加企业的违约概率(Ghosh, 2008;Ghosh, 2012;王红建等,2018),还会催生一批僵尸企业,挤占正常企业的信贷资源,造成资源的错配(刘莉亚等,2019)。从宏观层面来讲,过高的杠杆率不仅会加剧收入的不平等程度、抑制经济的增长速度和质量,从而引发经济衰退(Cecchetti et al., 2011;马勇和陈雨露,2017;陈颖和缪海斌,2018;刘晓光等,2018;郭文伟和周媛,2019;刘晓光等,2019),还有可能引发金融危机(Schularick and Taylor, 2012)。由此可见,高杠杆已经成为我国企业面临的主要债务风险之一,实体经济面临着巨大的运行风险,正是在此背景下,中央政府提出了一系列去杠杆措施。因此,如何有效地去杠杆成为我国政府界和学术界共同关注的现实问题。

国务院于 2016 年 10 月发布的《关于积极稳妥降低企业杠杆率的意见》(国发〔2016〕54 号)中提出[②]"以市场化、法治化方式,通过推进兼并重组、完善现代企业制度强化自我约束、盘活存量资产、优化债务结构、有序开展市场化银行债权转股权、依法破产、发展股权融资,积极稳妥降低企业杠杆率"。该政策的颁布说明了政府去杠杆的决心之大,督促企业以积极而稳妥的方式去杠杆依然是政府的主要立场,是防范和化解重大金融风险的关键环节。目前对于去杠杆的研究主要集中在利用市场化手段、杠杆转移、政府的行政化参与、货币政策的调整等方面,与本研究最相关的是利用市场化手段去杠杆方面的文献,主要包括利率市场化改革、金融发展程度提升、金融结构的市场化程度改革、贸易自由化提升、卖空机制的实施等(顾乃康和周艳利,2017;王

---

① 国家金融与发展实验室官网:http://www.nifd.cn/home/index。
② 中华人民共和国中央人民政府网:http://www.gov.cn/zhengce/content/2016-10/10/content_5116835.htm。

连军，2018；郑曼妮等，2018；蒋灵多等，2019；谭小芬等，2019），尚未有文献立足于资本市场对外开放视角考察股票二级市场的市场化改革是否有助于降低企业杠杆率。基于此，本章立足于我国非金融企业高杠杆这一现实背景，利用沪深港通交易制度实施这一准自然实验深入探讨资本市场开放能否有助于解决企业的高杠杆难题及如何解决。

理论上，资本市场开放可能通过提升企业投资效率和降低企业代理成本的形式提升企业业绩，使企业进行内源融资或偿还到期债务，降低企业对外部资金的使用，从而降低企业的杠杆率。另外，资本市场开放还可能通过降低企业的股权融资成本提升企业的股权融资额度，从而降低企业的杠杆率。为了对此进行验证，本章以我国2009~2020年沪深A股上市公司为样本，构造双重差分模型，探讨资本市场开放能否对企业的高杠杆风险起到治理作用及其内在手段。研究发现，第一，资本市场开放显著降低了标的企业的杠杆率，且这一效应在管理层持股比例较高、标的股票交易活跃度较高的企业中更加显著；第二，从降低杠杆的手段来看，资本市场开放主要通过增加企业内源融资和股权融资的方式，降低企业对债务资金的依赖，从而降低企业的杠杆率，表明资本市场开放促使标的企业更愿意选择"增权"的方式降低企业杠杆率，这种方式既积极又稳妥；第三，横截面分析结果显示，上述关系在无QFII持股、聘用非"国际四大"会计师事务所的公司样本中更加显著；第四，从降杠杆的结果来看，一是资本市场开放对杠杆率的降低作用主要存在于过度负债企业，降低了过度负债企业的"坏杠杆"，保留了负债不足企业的"好杠杆"。二是资本市场开放能够显著提升标的企业资本结构的动态调整速度，使企业的资本结构更加优化。

本章可能的边际贡献主要包括以下三个方面：

第一，立足于市场化改革视角拓展了企业去杠杆的路径研究。以往关于去杠杆路径的研究主要集中在利用市场化手段、杠杆转移、政府的行政化参与、货币政策的调整等方面，与本章最相关的是利用市场化手段去杠杆方面的文献，主要包括利率市场化改革、金融发展程度提升、金融结构的市场化程度改革、贸易自由化提升、卖空机制的实施等（顾乃康和周艳利，2017；王连军，2018；郑曼妮等，2018；蒋灵多等，2019；谭小芬等，2019），除了顾乃康和周艳利（2017）研究了卖空机制对企业杠杆率的影响外，较少有研究立足于股票二级市场市场化改革层面研究对企业杠杆率的影响，同时顾乃康和周艳利（2017）的研究为本章的研究提供了可能。本章研究发现，资本市场开放作为股票二级市场的重要改革举措，不仅降低了企业的杠杆率，还使企业的资本结构更加优化，为我国利用不同的市场化改革手段降低企业杠杆率提供理论支持，并且为我国非金融企业的去杠杆之路提供现实指导，同时也为我们进一步认识资本市场与实体经济之间的关系提供了理论支持和现实指导。

第二，立足于我国企业高杠杆率视角拓展了资本市场开放经济后果的研究。以往关于资本市场开放经济后果的研究主要集中在股价信息含量（Bae et al., 2012；钟覃琳和陆正飞，2018）、股价对投资的引导作用（连立帅等，2019a）、公司治理水平和治理效果（Bae and Goyal, 2010；Ferreira et al., 2010；Kim and Yi, 2015；陈运森和黄健峤，2019）等方面，尚未有文献立足于企业杠杆率视角研究资本市场开放的经济后果。本章研究发现，资本市场开放这种市场化的治理模式能够通过增加企业内源融资和股权融资的形式降低企业的杠杆率。表明资本市场开放作为重要的金融制度改革可以有效地服务于实体经济，对企业的高杠杆风险起到很好的治理作用，改善资源的配置效率，为我国不断深化的金融体制改革，金融体系逐步对外开放提供了理论支持。

第三，强化了"增权"此类去杠杆方式的优势。研究发现资本市场开放不仅能促使管理层提升企业业绩，增加企业内源融资，还可以通过降低企业的股权资本成本提升企业的股权融资额，从而降低企业杠杆率，并最终使企业的资本结构保持在较为合理的水平和资本结构的动态调整速度增加，说明"增权"这种去杠杆的方式既积极又稳妥，值得大多数企业学习。为我国继续推进的去杠杆之路提供了直接的指导，非金融企业不仅要加大力度改善企业的盈利能力，强化企业的内部融资渠道，还要改善企业的信息环境提升企业的股权融资额，降低企业对外部债务资金的依赖，降低企业的债务风险，保证企业健康长远地运行。

4.2 理论分析与研究假设

沪深港通交易制度的实施不仅为内地投资者开通了投资海外股票的渠道，也为我国资本市场引来更多成熟的境外投资者和中介机构。引入的这些国际投资者具有更为专业的信息处理和分析能力，他们比本地投资者更加理性，不仅能够对管理层形成监督，约束管理层的高风险投融资行为，还能优化企业的信息环境，增加管理层高风险投融资行为被揭露的成本，从而抑制企业的高风险经营行为。本章认为，资本市场开放有助于提升管理层降低杠杆的动机，并促使管理层利用合理的手段降低企业的杠杆率。

首先，资本市场开放之后，受到境外投资者监督的管理层更有动机降低企业杠杆率。资本市场开放引入的境外投资者发挥治理效应的方式包括两种，一是"用手投票"的方式（Aggarwal et al.，2011），即持股比例达到一定水平的境外投资者向标的公司派遣董事，参与对企业管理层的监督，从而强化公司治理；二是"用脚投票"的方式（Edmans，2009），即境外投资者通过买卖股票的市场交易方式影响股票价格，对管理层形成市场压力，从而影响管理层的投融资等决策，起到间接治理的效果（Leuz et al.，2009）。现有研究指出，由于沪深港通标的公司境外投资者持股比例的限制①、制度和规则的差别影响了直接沟通的效果，致使境外投资者更可能采用"用脚投票"的方式参与公司治理（连立帅等，2019a）。一方面，资本市场开放之后，引入的境外投资者往往具有较高的投资能力和经验，在信息搜集和解读中占有优势（Grinblatt and Keloharju，2000），他们对企业的高杠杆行为更加敏感，当他们发现企业的高杠杆行为时，会利用股票交易的方式卖出企业股票，从而对企业的股价产生负面影响。管理层出于维护股价和自身利益的动机，会降低企业的高风险行为，

---

① 根据证监会发布的《内地与香港股票市场交易互联互通机制若干规定》第十二条之规定。境外投资者的境内股票投资，应当遵循下列持股比例限制：单个境外投资者对单个上市公司的持股比例，不得超过该上市公司股份总数的 10%；所有境外投资者对单个上市公司 A 股的持股比例总和，不得超过该上市公司股份总数的 30%。

这里指企业的高杠杆行为，因为当杠杆率较高时，企业不仅可能面临较高的财务困境和破产风险，亦可能出现更多的代理问题，如资产替代和大股东对债权人利益的侵害。另一方面，作为资本市场开放的"排头兵"，沪深港通标的公司会引来更多资本市场中介的跟踪（郭阳生等，2018）。这在一定程度上会增加其私有信息被挖掘的可能性，当企业存在高风险经营行为时，被曝光的可能性增加，且该风险信息极可能会被融入股价中，从而引致股价下跌等损失。所以，为了避免该负面效应对管理层造成更大的损失，管理层有动机合理化企业的财务杠杆，如降低企业的杠杆率。

其次，资本市场开放之后，境外投资者交易行为的监督可能会使管理层减少低效率的投资行为和机会主义行为，提升企业的盈利水平，增加其内源融资或清偿债务，从而降低企业的杠杆率。资本市场开放之后，境外投资者更加专业的信息搜集和处理能力会使其在选择投资对象时具有信息优势，引来更多境内投资者的跟随，这种"用脚投票"的杠杆效应（陈晖丽和刘峰，2014）有助于约束管理层的非理性投融资行为，提升企业的投资效率，进而提升企业业绩（陈运森和黄健峤，2019）。并且资本市场开放引入的境外投资者可以通过股票交易的形式对管理层形成有效的监督，该监督效应会降低管理层的代理成本（如在职消费和超额薪酬），成本的降低在一定程度上会增加企业的盈利水平。一方面，更好的盈利能力意味着企业具有良好的内源融资能力。基于优序融资理论，当存在信息不对称和交易成本时，企业在融资的过程中首先会选择融资成本较低的内部融资，在内部融资无法满足资金需求的情况下，企业才会选择成本较高的外部融资（Myers and Majluf，1984）。所以，当企业杠杆率处于高位的情况下，内源融资能力的提升会使企业选择使用内源融资代替企业的债务融资，从而降低企业的杠杆率（彭章等，2021），我们称之为"内源融资渠道"。另一方面，更好的盈利水平代表企业具备良好的偿债能力，当企业因高杠杆面临较高的债务违约风险时，资本市场开放带来的境外投资者的监督会使企业管理层降低其高风险行为，选择主动偿还债务以降低企业的财务风险和债务成本，从而降低企业的杠杆率，我们称之为"偿还债务渠道"。

最后，资本市场开放可能通过降低企业的股权融资成本，使企业更加偏好股权融资,从而降低企业的杠杆率。一方面,资本市场开放引入更多的境外投资者,增加了股票交易的竞争程度,使股票的流动性有所提升,能够满足投资者的交易需求,降低投资者的交易成本,从而降低企业的股权融资成本(Henry,2000b)。另一方面,资本市场开放能够通过改善资本市场的信息环境降低投资者的逆向选择风险,从而降低企业的股权资本成本(庞家任等,2020)。因此,沪深港通交易制度的实施很可能通过股权资本成本的下降给企业带来股权融资的便利,使管理层更加偏好股权融资,降低企业对债务资金的需要,从而有助于降低企业的杠杆率,我们称之为"股权融资渠道"。

综上所述,资本市场开放增加了管理层降低企业杠杆的动机,使管理层更可能通过内源融资渠道、偿还债务渠道和股权融资渠道降低企业的杠杆水平。基于此,提出本章的假设 H4-1:

假设 H4-1:资本市场开放(即沪深港通交易制度的实施)降低了标的企业的杠杆率。

4.3 研究设计

4.3.1 样本选择与数据来源

本章的初选样本为 2009~2020 年沪深 A 股全部上市公司,样本始于 2009 年是为了保证沪深港通交易制度实施前后区间的对称性。获得初始样本后,参考现有文献的做法(邹洋等,2019;庞家任等,2020),本章对初始样本进行了如下处理:(1)剔除金融保险类上市公司;(2)剔除本章研究期间内被 ST、*ST 的上市公司样本;(3)剔除 2014 年之后上市的公司样本;(4)为了保证资本市场开放政策实施的连续性,剔除成为沪深港通标的公司后又被调出的公司样本;(5)剔除相关数据缺失的公司样本。最终获得 2297 家公司 19141 个公司—年度观测值。本章的产权性质、事务所规模相关数据来源于中国研究数据库服务平台 CNRDS 数据库,其他数据均来源于国泰安 CSMAR 数据库。本章采用 STATA 15.0 对数据进行分析处理。为了控制极端值对回归结果产生的潜在影响，本章对所有的连续变量进行了上下 1% 的缩尾处理。

4.3.2 模型设定与变量定义

由于沪深港通是分批进行扩容的，为研究提供了很好的自然实验场景，参考 Bertrand 和 Mullainathan（2003）、连立帅等（2019b）采用多时点双重差分法进行检验。为了检验沪深港通交易制度的实施是否降低了企业的杠杆水平，即假设 H4-1，本章建立如下双重差分模型（4-1）：

$$Lev_{i,t} = \beta_0 + \beta_1 Hsgt_{i,t-1} + \beta_i \sum Controls_{i,t-1} + \gamma_i + \eta_t + \kappa + \varepsilon_{i,t} \quad (4-1)$$

模型（4-1）中的被解释变量为企业杠杆率 Lev，参考 Fotopoulos 和 Louri (2004)、钟宁桦等（2016）和蒋灵多等（2019）的做法，利用上市公司的资产负债率进行衡量。

沪深港通标的公司的虚拟变量 $Hsgt$ 为本模型的解释变量。参考陈运森和黄健峤（2019）、连立帅等（2019a）的研究，本章定义沪深港通标的公司的虚拟变量 $Hsgt$ 为沪深港通实施后并且为沪深港通标的的企业时，取值为 1，否则取值为 0。具体而言，对于处理组股票，当年成为沪深港通标的的股票，$Hsgt$ 在当年及以后取值为 1，其余取值为 0，对于对照组股票，$Hsgt$ 直接取值为 0。

$Controls$ 为本模型的控制变量。参考已有文献（顾乃康和周艳丽，2017；李志生等，2020），本章设置如下控制变量：企业规模（$Size$）、长期资产占比（PPE）、经营活动现金流量（$Cash$）、资产回报率（Roe）、无形资产占比（$Intangi$）、实际所得税税率（ETR）、企业年龄（Age）、股权制衡度（Zh）、产权性质（Soe）、存货占比（$Inveni$）、行业杠杆率中位数（Lev_ind）。同时本章还控制了行业（κ）、年度（η）和公司（γ）固定效应。变量的具体定义详见表 4-1。

为了验证本章的假设 H4-1，重点关注 $Hsgt$ 的回归系数 β_1，若其显著为负，说明被纳入沪深港通名单之后，标的公司的杠杆率显著下降。

表 4-1　　　　　　　　　变量定义及其说明

变量名称	变量符号	变量定义
资产负债率	Lev	期末总负债/期末总资产
沪深港通标的公司的虚拟变量	Hsgt	沪深港通交易制度实施后并为沪深港通标的的公司时取值为1，否则取值为0
公司规模	Size	期末总资产的自然对数
长期资产占比	PPE	购建固定资产、无形资产和其他长期资产所支付的现金与处置上述资产所收回的现金之差与期末总资产之比
经营活动现金量	Cash	现金流量表"经营活动产生的现金流量净额"，并利用上一年度总资产进行规模效应剔除
资产回报率	Roe	净利润/期末净资产
无形资产占比	Intangi	期末无形资产净额与期末总资产之比
实际所得税税率	ETR	所得税费用/(利润总额+利息支出)
企业年龄	Age	企业上市年限
股权制衡度	Zh	第二大至第九大股东持股比例之和/第一大股东持股比例
产权性质	Soe	当公司为国有企业时取值为1，非国有企业时取值为0
存货占比	Inveni	期末存货净额与期末总资产之比
行业杠杆率中位数	Lev_ind	行业杠杆率的中位数
年度变量	η	当样本为某一特定年度时，取值为1，否则为0
行业变量	κ	当样本为某一特定行业时，取值为1，否则为0，本书采用的是证监会2012年发布的行业分类标准，其中制造业采用二级目录细分，其他行业均采用一级目录
公司变量	γ	当样本为某一特定公司时，取值为1，否则为0

4.4　实证结果与分析

4.4.1　描述性统计

表4-2列示了主要变量的描述性统计结果。结果显示：公司杠杆率

Lev 的平均值为 0.4578，标准差为 0.2067，最小值为 0.0568，最大值为 0.9444，说明样本期间内不同规模的上市公司其杠杆率水平差别较大，与王玉泽等（2019）报告的结果基本保持一致。沪深港通标的公司虚拟变量 $Hsgt$ 的均值为 0.1307，表明沪深港通标的公司样本占全部样本的 13.07%，与连立帅等（2019b）的计算结果相近。控制变量的结果与其他相关文献保持一致，不再一一赘述。

表 4-2　　　　　　　　　主要变量描述性统计

变量名	N	mean	sd	min	p25	p50	p75	max
Lev	19141	0.4578	0.2067	0.0568	0.2978	0.4564	0.6123	0.9444
$Hsgt$	19141	0.1307	0.3371	0	0	0	0	1
$Size$	19141	22.2067	1.2882	19.5809	21.295	22.0385	22.9528	26.0938
PPE	19141	0.0482	0.0487	-0.0366	0.0137	0.0345	0.0684	0.2358
$Cash$	19141	0.0517	0.0822	-0.2083	0.0075	0.0496	0.0967	0.3053
Roe	19141	0.0602	0.1326	-0.7882	0.0286	0.0675	0.1136	0.3742
$Intangi$	19141	0.0474	0.0506	0	0.0171	0.0343	0.0590	0.3143
ETR	19141	0.1335	0.1175	-0.36	0.0821	0.1376	0.1887	0.5486
Age	19141	11.3567	6.5270	1	6	11	17	26
Zh	19141	0.8112	0.7054	0.0295	0.2730	0.6147	1.1445	3.4752
Soe	19141	0.4486	0.4974	0	0	0	1	1
$Inveni$	19141	0.1587	0.1470	0.0001	0.0637	0.1209	0.1993	0.7331
Lev_ind	19141	0.4592	0.0872	0.3113	0.4062	0.4509	0.4509	0.6894

4.4.2　实证结果分析

为了检验资本市场开放对企业杠杆率的影响，即假设 H4-1，本章利用模型（4-1）进行回归分析，在此主要关注沪深港通标的公司虚拟变量 $Hsgt$ 的回归系数及其显著性，根据本章的假设 H4-1，预期该回归系数显著为负，回归结果如表 4-3 第（1）列和第（2）列所示。表 4-3 第（1）列列示了未控制任何控制变量的回归结果，第（2）列列示了控制所有控制变量的回归结果。结果显示，沪深港通标的公司虚拟变量 $Hsgt$ 的回归系数为 -0.0244，在 1% 的水平上显著为负，表明沪深港通交易制度实施后，相对于非标的公司，标的公司的杠杆率更低，即资本市场开放降低了标的企业的杠杆率，从而验证了本章的假设 H4-1。

控制变量方面，企业规模 $Size$ 越大，企业的杠杆率越高，表明企业资产规模越大，对外部资金的需求越大，企业会保持较高的杠杆水平，这与李志生等（2020）的发现一致。经营活动现金流量 $Cash$、资产回报率 Roe 与企业杠杆率的回归系数均显著为负，表明在公司经营活动产生的现金流量越充裕和内源融资来源充足的情况下，企业会遵循优序融资理论，首先选择成本较小的自有资金进行生产经营，降低使用成本高于内源融资的债务融资，从而降低企业的杠杆率和债务风险，这与已有文献发现一致。实际所得税率 ETR 越高，企业的杠杆率越低，这与已有发现不一致，可能是因为企业内源资金较为充足，不仅能够满足企业的发展需要，降低其杠杆率，也可以应对较高的税负。股权制衡度 Zh 越高，企业的杠杆率越低，可能是因为企业治理较好，可以从内部获取投资所需资金，降低对债务资金的依赖。企业产权性质 Soe 与企业杠杆率的回归系数显著为正，说明国有企业的杠杆水平显著高于非国有企业，这可能是由于国有企业的预算软约束所致。无形资产占比 $Intangi$、存货占比 $Inveni$ 与企业杠杆率的回归系数显著为正，说明企业的无形资产和存货越多，企业可用于抵押的资产价值越高，银行会增加放贷的可能性。行业杠杆率中位数 Lev_ind 越高，企业的杠杆率越低，说明企业并不存在显著的行业同群效应。

表 4-3　　　　　　　　　资本市场开放与企业杠杆率

变量	(1)	(2)
	Lev	Lev
$Hsgt$	-0.0058*	-0.0244***
	(-1.7940)	(-4.7967)
$Size$		0.0665***
		(17.1910)

续表

变量	(1) Lev	(2) Lev
PPE		0.0402 (1.3680)
Cash		-0.0698*** (-4.6936)
Roe		-0.1312*** (-11.5521)
Intangi		0.1356** (2.3616)
ETR		-0.0473*** (-4.6948)
Age		-0.0031 (-0.2232)
Zh		-0.0239*** (-5.5902)
Soe		0.0369*** (2.9132)
Inveni		0.2478*** (9.9360)
Lev_ind		-0.1075*** (-2.6390)
Constant	0.4471*** (16.6875)	-0.9521*** (-8.2517)
Industry	Yes	Yes
Year	Yes	Yes
Firm	Yes	Yes
N	19141	19141
R^2	0.0213	0.1537

注：( ) 内为经过稳健标准误调整后的 T 值，*、**、*** 分别表示在 10%、5% 和 1% 的水平上显著，下同。

4.4.3 稳健性测试

为了保证本章实证结果的稳健性，分别采用平行趋势检验、变更主要变量的衡量、安慰剂测试、剔除特殊样本、倾向得分匹配（PSM）等方法对主要假设进行稳健性测试。

（1）平行趋势检验。

使用双重差分模型进行系数估计的一个重要前提假设是：在外生冲击发生之前，被解释变量在处理组和控制组样本中的变动趋势是相似的，不存在显著差异。符合平行趋势可以更准确地捕捉政策实施带来的影响，增强研究的可信度。借鉴 Serfling（2016）在错层准自然实验情境下检验平行趋势假定的思路，本章将公司进入沪深港通标的时间按时段进行区分并设置相应的虚拟变量：$Before3$、$Before2$、$Before1$、$Post0$、$Post1$、$Post2$、$Post3+$，若标的公司所在年份为进入沪深港通标的名单的前 3 年，则虚拟变量 $Before3$ 取值为 1，否则为 0；若标的公司所在年份为进入沪深港通标的名单的前 2 年，则虚拟变量 $Before2$ 取值为 1，否则为 0；若标的公司所在年份为进入沪深港通标的名单的前 1 年，则虚拟变量 $Before1$ 取值为 1，否则为 0；若标的公司所在年份为进入沪深港通标的名单的当年，则虚拟变量 $Post0$ 取值为 1，否则为 0；若标的公司所在年份为进入沪深港通标的名单后的第 1 年，则虚拟变量 $Post1$ 取值为 1，否则为 0；若标的公司所在年份为进入沪深港通标的名单后的第 2 年，则虚拟变量 $Post2$ 取值为 1，否则为 0；若标的公司所在年份为进入沪深港通标的名单后的第 3 年及以后年份，则虚拟变量 $Post3+$ 取值为 1，否则为 0。然后在模型（4-1）中加入这些虚拟变量进行回归分析，从而观察平均处理效应的时间趋势，表 4-4 提供了相应的回归结果。回归结果显示，在进入沪深港通标的股票之前，处理组样本公司和控制组样本公司之间的杠杆率并无显著差异，而在进入沪深港通标的股票之后，处理组公司的杠杆率显著低于控制组公司。这说明处理效应发生之前，两组样本中杠杆率的非显著性差异能够在一定程度上表明平行趋势假设得以满足，这为 DID 估计的有效性提供了证据。

表4-4 稳健性测试：平行趋势检验

变量	(1)
	Lev
Before3	-0.0037
	(-0.7362)
Before2	-0.0020
	(-0.3666)
Before1	0.0033
	(0.5154)
Post0	-0.0083
	(-1.2298)
Post1	-0.0173**
	(-2.3256)
Post2	-0.0198**
	(-2.4741)
Post3+	-0.0358***
	(-4.0868)
Constant	-0.9620***
	(-8.2405)
Controls	Yes
Industry	Yes
Year	Yes
Firm	Yes
N	19141
R^2	0.1545

(2) 变更企业杠杆率的衡量方法。

在主回归中，本章使用账面资产负债率来衡量企业的杠杆水平，为了缓解杠杆率衡量方式不同而导致的结果差异，参考顾乃康和周艳利（2017）利用市场杠杆率 $Lev2$ = 总负债/总资产的市场价值（MV = 总负债的账面价值 + 流通股数×股价 + 未流通股数×每股净资产）及有息市场杠杆率 $Lve3$ = （短期借款 + 一年内到期的长期借款 + 长期借款 + 应付债券 + 长期应付款）/总资产的市场价值衡量企业杠杆率，然后进行模型（4-1）的回归。替换被解释变量的回归结果如表 4-5 第（1）列和第（2）列所示。结果显示，沪深港通标的公司虚拟变量 $Hsgt$ 的回归系数分别为 -0.0215 和 -0.0276，均在 1% 的水平上显著为负，进一步证实了假设 H4-1 的成立。说明资本市场开放显著降低了标的企业的杠杆率，证明了本章实证结果是稳健的。

（3）控制货币政策的影响。

研究发现，货币政策会通过资金供给对企业的杠杆率产生影响（汪勇等，2018）。为确保本章研究结果不受货币政策的干扰，参考陆正飞和杨德明（2011）利用 MP 指数（$M2$ 增长率 - GDP 增长率 - CPI 增长率）代表货币政策，作为控制变量加入模型（4-1）进行回归分析，回归结果列示于表 4-5 第（3）列。结果显示，沪深港通交易制度实施 $Hsgt$ 的回归系数为 -0.0233，且在 1% 的水平上显著为负，证明了本章实证结果的稳健性。

（4）剔除沪深港通交易制度实施当年的样本。

香港投资者可交易沪深港通标的企业股票的时间为 2014 年 11 月和 2016 年 12 月，可能存在沪深港通交易制度实施当年，标的企业杠杆率即受该制度影响的可能性。为了缓解该可能性，本章剔除了沪深港通实施第一年标的公司样本即 2014 年沪股通标的和 2016 年的深股通标的的企业样本后进行模型（4-1）的回归，回归结果见表 4-5 第（4）列。结果显示，沪深港通标的的公司虚拟变量 $Hsgt$ 回归系数为 -0.0246，并且在 1% 的水平上显著为负，与本章主假设实证结果保持一致，说明本章的实证结果是稳健的。

表 4-5 稳健性测试：替换杠杆率的衡量方式、增加控制变量与剔除特殊样本

变量	(1) 替换杠杆率 $Lev2$	(2) 替换杠杆率 $Lev3$	(3) 增加控制变量 MP Lev	(4) 剔除开通当年样本 Lev
$Hsgt$	-0.0215*** (-3.3492)	-0.0276*** (-4.0237)	-0.0233*** (-4.5386)	-0.0246*** (-4.3549)
$Size$	0.0277*** (5.8577)	0.0753*** (15.4430)	0.0660*** (16.8162)	0.0672*** (17.1685)
PPE	-0.1476*** (-3.7229)	0.1709*** (4.3253)	0.0353 (1.1763)	0.0354 (1.1883)

续表

变量	(1) 替换杠杆率 Lev2	(2) 替换杠杆率 Lev3	(3) 增加控制变量 MP Lev	(4) 剔除开通当年样本 Lev
Cash	-0.0220 (-1.1967)	-0.2628*** (-14.2094)	-0.0695*** (-4.6112)	-0.0743*** (-4.9320)
Roe	-0.1021*** (-9.5424)	-0.0707*** (-5.9488)	-0.1311*** (-11.5447)	-0.1319*** (-11.4939)
Intangi	0.1416* (1.9115)	0.2954*** (4.3532)	0.1310** (2.2795)	0.1387** (2.3616)
ETR	-0.0360*** (-2.9047)	-0.0564*** (-4.6754)	-0.0476*** (-4.6710)	-0.0471*** (-4.6285)
Age	0.0498*** (3.5756)	0.0143 (0.7867)	-0.0033 (-0.2401)	-0.0026 (-0.1846)
Zh	-0.0398*** (-7.6256)	-0.0273*** (-5.5362)	-0.0232*** (-5.3200)	-0.0238*** (-5.4938)
Soe	0.0742*** (5.1834)	0.0313** (1.9962)	0.0384*** (2.9174)	0.0349*** (2.7588)
Inveni	0.2146*** (7.3045)	0.0393 (1.2270)	0.2533*** (10.0267)	0.2473*** (9.8644)
Lev_ind	-0.0752 (-1.4687)	0.0139 (0.2768)	0.0362 (0.7744)	-0.1102*** (-2.6849)
MP			-0.6416 (-0.1863)	
Constant	-0.1252 (-0.9033)	-1.3779*** (-8.7572)	-1.0221*** (-3.3902)	-0.9745*** (-8.3292)
Industry	Yes	Yes	Yes	Yes
Year	Yes	Yes	Yes	Yes
Firm	Yes	Yes	Yes	Yes
N	19141	19141	19141	18655
R^2	0.1513	0.1044	0.1461	0.1560

(5) 剔除 A+H 股样本。

为排除本章的回归结果可能是由于沪深港通实施之前境外机构投资者和中介机构对企业内源融资和股权融资能力产生的影响，而非沪深港通实施导致的结果，本章将样本中同时发行 A 股和 H 股的样本公司剔除后进行模型（4-1）的回归，回归结果如表 4-6 第（1）列所示。结果显示，沪深港通标的公司虚拟变量 $Hsgt$ 的回归系数为 -0.0280，并且在 1% 的水平上显著为负，说明资本市场开放显著降低了标的企业的杠杆率，缓解其债务风险。这一结果与本章主要结果保持一致，说明本章的实证结果是稳健的。

(6) 替换模型的设定方法。

DID 模型设定一般包括两类：一是设置单一政策实施变量并控制企业固定效应的模型；二是设置交乘项，并控制行业和年度固定效应的模型。主回归采用的是第一种形式，为了缓解因模型设定方式不同而导致的结果差异，参考褚剑和方军雄（2016）、黄俊威和龚光明（2019）的做法，利用第二种方式设定模型（4-2），重新检验资本市场开放对企业杠杆率的影响：

$$Lev_{i,t} = \beta_0 + \beta_1 List_i + \beta_2 ListPost_{i,t-1} + \beta_i \sum Controls_{i,t-1} + \eta_t + \kappa + \varepsilon_{i,t}$$

(4-2)

其中 $List$ 为虚拟变量，定义为该公司为沪深港通标的公司时，取值为 1，否则取值为 0。$ListPost$ 为虚拟变量，定义为公司进入沪深港通标的名单之后的年份取值为 1，否则取值为 0，控制变量的定义同模型（4-1）。在此主要关注 $ListPost$ 的回归系数 β_2，该系数表示进入沪深港通标的名单的公司，在沪深港通交易制度实施前后杠杆率的变化相对于其他公司所表现出来的差异。回归结果列示于表 4-6 第（2）列，结果显示，虚拟变量 $ListPost$ 的回归系数为 -0.0304，并且在 1% 的水平上显著为负，说明资本市场开放可以降低企业的杠杆率，这一结果与正文主要假设的回归结果保持一致，证明在变更本章的回归模型后，本章的研究结果依然成立，证明了本章研究结果的稳健性。

(7) 安慰剂测试。

本章实证检验了沪深港通开通这一准自然实验对上市公司杠杆率的缓解作用，为验证这一效应是当年实施沪深港通的政策效果，而非其他原因所致，本章使用以下两种方法进行验证。第一，本章将各批次进入沪深港通标的名单的时间分别向前推 4 年，其他保持不变，重新利用模型（4-1）进行回归分析，回归结果如表 4-6 第（3）列所示。结果显示，沪深港通标的公司虚拟变量 $Hsgt$ 的回归系数为 -0.0051，并不显著，说明确实是沪深港通交易制度实施当年发生的冲击引起处理组杠杆率的变化，说明本章的实证结果是稳健的。第二，本章随机设定处理组样本进行了 1000 次随机抽样，并在模型（4-1）的基础上进行回归分析，从而得到沪深港通交易制度实施虚拟变量 $Hsgt$ 的错误回归系数和 p 值，并绘制其核密度图 4-1。从图中可以看出，一是 $Hsgt$ 的估计系数均值接近于 0；二是真实的 $Hsgt$ 的估计系数如表 4-3 第（2）列所示在该安慰剂测试中是明显的异常值；三是大部分估计系数的 p 值在 0.1 以上。这些结果表明，本章的估计结果不太可能是由于模型外其他不可观测的随机因素所致，证明了本章实证结果的稳健性。

表 4-6　稳健性测试：剔除特殊样本、变换模型和安慰剂测试

变量	(1) 剔除发行 A+H 股样本 Lev	(2) 替换模型设定方法 Lev	(3) 安慰剂测试 Lev
$Hsgt$	-0.0280*** (-5.1965)		-0.0051 (-0.9905)
$List$		-0.0262*** (-9.0484)	
$ListPost$		-0.0304*** (-7.5151)	
$Size$	0.0675*** (17.0538)	0.0704*** (54.9926)	0.0644*** (16.9035)
PPE	0.0406 (1.3691)	0.2590*** (9.4507)	0.0367 (1.2485)
$Cash$	-0.0690*** (-4.5928)	-0.2396*** (-13.9464)	-0.0712*** (-4.7735)

续表

变量	(1) 剔除发行 A+H 股样本 Lev	(2) 替换模型设定方法 Lev	(3) 安慰剂测试 Lev
Roe	-0.1316*** (-11.3472)	-0.2185*** (-16.4839)	-0.1333*** (-11.7573)
$Intangi$	0.1341** (2.3024)	0.1603*** (6.2495)	0.1350** (2.3761)
ETR	-0.0454*** (-4.4237)	-0.1479*** (-11.6569)	-0.0473*** (-4.6921)
Age	-0.0020 (-0.1335)	0.0046*** (18.7505)	-0.0038 (-0.2728)
Zh	-0.0238*** (-5.5124)	-0.0028* (-1.7116)	-0.0237*** (-5.5485)
Soe	0.0369*** (2.8981)	0.0169*** (5.7068)	0.0353*** (2.7986)
$Inveni$	0.2463*** (9.7934)	0.3088*** (26.0530)	0.2465*** (9.8944)
Lev_ind	-0.1133*** (-2.7616)	0.0021 (0.0376)	-0.1060*** (-2.6035)
$Constant$	-0.9745*** (-8.2211)	-1.1396*** (-30.7126)	-0.9023*** (-7.8598)
Industry	Yes	Yes	Yes
Year	Yes	Yes	Yes
Firm	Yes	No	Yes
N	18509	19141	19141
R^2	0.1549	0.4237	0.1507

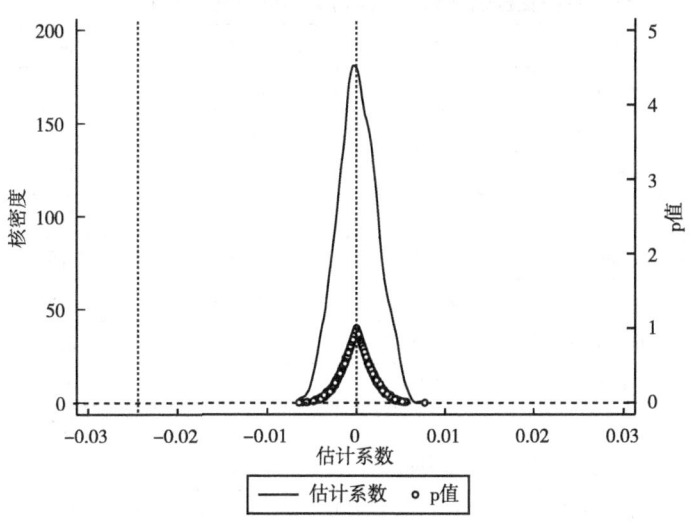

图 4-1 稳健性测试:安慰剂测试结果

(8) 倾向得分匹配法 (PSM)。

本章主回归中使用的是全样本回归的方法,但由于沪深港通标的企业与非沪深港通标的企业在资产规模、盈利能力等方面可能存在的差异,会使实证结果存在偏差,其偏差是由样本的选择性偏差造成的。为了缓解样本选择性偏差导致的内生性问题,采用倾向得分匹配法 (PSM) 为沪深港通标的企业寻找配对样本。具体地,本章分别采用不放回卡尺内 k 邻近匹配 (0.001 卡尺、0.002 卡尺和 0.003 卡尺) 为沪深港通标的企业寻找相匹配的非沪深港通企业作为控制组样本,表 4-7、表 4-8 和表 4-9 分别列示了不同匹配方法下匹配前后样本的平衡性检验结果。结果显示,在匹配前,沪深港通标的企业与非沪深港通标的企业的相关指标之间存在较大差异。经过匹配后,各个指标之间没有显著差异,表明匹配结果较好。经过倾向得分匹配后,利用 PSM 后的样本进行了模型 (4-1) 的回归,表 4-10 报告了主要的回归结果。结果显示,沪深港通标的公司虚拟变量 $Hsgt$ 的回归系数分别为 -0.0135、-0.0118 和 -0.0120,并且分别在 1%、5% 和 10% 的水平上显著为负,这一结果与主要结果保持一致,说明本研究的实证结果是稳健的。

表4-7　PSM平衡性测试结果：卡尺内k邻近匹配（0.001卡尺）

变量	样本	Mean（Hsgt=1）	Mean（Hsgt=0）	%bias	t-test
Size	Unmatched	23.4437	21.9600	125.1	65.89***
	matched	23.1534	23.1687	-1.3	-0.49
PPE	Unmatched	0.0465	0.0485	-4.3	-2.1**
	matched	0.0464	0.0459	1.2	0.45
Cash	Unmatched	0.0761	0.0465	36.8	18.71***
	matched	0.0723	0.0718	0.6	0.21
Roe	Unmatched	0.1014	0.0521	42.1	19.39***
	matched	0.0958	0.0966	-0.6	-0.28
Intangi	Unmatched	0.0489	0.0471	3.7	1.94*
	matched	0.0490	0.0491	-0.2	-0.07
ETR	Unmatched	0.1390	0.1325	6	2.86***
	matched	0.1381	0.1388	-0.7	-0.26
Age	Unmatched	13.9639	10.8422	48.5	25.13***
	matched	13.2772	13.4794	-3.1	-1.15
Zh	Unmatched	0.8994	0.7926	15.1	7.84***
	matched	0.8828	0.8521	4.3	1.52
Soe	Unmatched	0.4550	0.4480	1.4	0.73
	matched	0.4503	0.4666	-3.3	-1.17
Inveni	Unmatched	0.1450	0.1624	-11.9	-6.08***
	matched	0.1470	0.1476	-0.4	-0.15
Lev_ind	Unmatched	0.4570	0.4600	-3.4	-1.75*
	matched	0.4554	0.4563	-1	-0.35

表4-8　PSM平衡性测试结果：卡尺内k邻近匹配（0.002卡尺）

变量	样本	Mean（Hsgt=1）	Mean（Hsgt=0）	%bias	t-test
Size	Unmatched	23.4437	21.9600	125.1	65.89***
	matched	23.1827	23.2041	-1.8	-0.69
PPE	Unmatched	0.0465	0.0485	-4.3	-2.1**
	matched	0.0466	0.0459	1.7	0.65
Cash	Unmatched	0.0761	0.0465	36.8	18.71***
	matched	0.0726	0.0719	0.9	0.32

续表

变量	样本	Mean (Hsgt=1)	Mean (Hsgt=0)	% bias	t-test
Roe	Unmatched	0.1014	0.0521	42.1	19.39***
	matched	0.0965	0.0968	-0.3	-0.14
Intangi	Unmatched	0.0489	0.0471	3.7	1.94*
	matched	0.0490	0.0488	0.4	0.13
ETR	Unmatched	0.1390	0.1325	6	2.86***
	matched	0.1380	0.1383	-0.3	-0.11
Age	Unmatched	13.9639	10.8422	48.5	25.13***
	matched	13.3930	13.5350	-2.2	-0.82
Zh	Unmatched	0.8994	0.7926	15.1	7.84***
	matched	0.8770	0.8572	2.8	1
Soe	Unmatched	0.4550	0.4480	1.4	0.73
	matched	0.4537	0.4683	-2.9	-1.07
Inveni	Unmatched	0.1450	0.1624	-11.9	-6.08***
	matched	0.1463	0.1480	-1.2	-0.43
Lev_ind	Unmatched	0.4570	0.4600	-3.4	-1.75*
	matched	0.4549	0.4568	-2.2	-0.8

表4-9 PSM平衡性测试结果：卡尺内k邻近匹配（0.003卡尺）

变量	样本	Mean (Hsgt=1)	Mean (Hsgt=0)	% bias	t-test
Size	Unmatched	23.4437	21.9600	125.1	65.89***
	matched	23.1856	23.2133	-2.3	-0.9
PPE	Unmatched	0.0465	0.0485	-4.3	-2.1**
	matched	0.0462	0.0459	0.6	0.23
Cash	Unmatched	0.0761	0.0465	36.8	18.71***
	matched	0.0727	0.0719	1.1	0.39
Roe	Unmatched	0.1014	0.0521	42.1	19.39***
	matched	0.0961	0.0970	-0.7	-0.34
Intangi	Unmatched	0.0489	0.0471	3.7	1.94*
	matched	0.0488	0.0489	-0.3	-0.1
ETR	Unmatched	0.1390	0.1325	6	2.86***
	matched	0.1381	0.1382	-0.1	-0.05

续表

变量	样本	Mean (Hsgt=1)	Mean (Hsgt=0)	% bias	t-test
Age	Unmatched	13.9639	10.8422	48.5	25.13***
	matched	13.4288	13.5397	-1.7	-0.64
Zh	Unmatched	0.8994	0.7926	15.1	7.84***
	matched	0.8903	0.8584	4.5	1.6
Soe	Unmatched	0.4550	0.4480	1.4	0.73
	matched	0.4496	0.4700	-4.1	-1.5
Inveni	Unmatched	0.1450	0.1624	-11.9	-6.08***
	matched	0.1477	0.1476	0.1	0.04
Lev_ind	Unmatched	0.4570	0.4600	-3.4	-1.75*
	matched	0.4553	0.4565	-1.4	-0.51

表4-10　稳健性测试：使用倾向得分匹配法（PSM）后的回归结果

变量	(1) 0.001卡尺内 k 邻近匹配 Lev	(2) 0.002卡尺内 k 邻近匹配 Lev	(3) 0.003卡尺内 k 邻近匹配 Lev
Hsgt	-0.0135*** (-2.6500)	-0.0118** (-2.3330)	-0.0120** (-2.3788)
Size	0.0710*** (8.9389)	0.0725*** (9.2137)	0.0726*** (9.2121)
PPE	0.1841*** (3.2430)	0.1810*** (3.1968)	0.1937*** (3.4845)
Cash	-0.0611** (-2.4913)	-0.0631*** (-2.5953)	-0.0680*** (-2.8393)
Roe	-0.1147*** (-4.5957)	-0.1179*** (-4.6939)	-0.1087*** (-4.3640)
Intangi	0.0960 (0.9264)	0.1093 (1.0768)	0.1102 (1.0760)
ETR	-0.0304* (-1.9032)	-0.0243 (-1.4364)	-0.0283* (-1.6801)
Age	-0.0096 (-0.6043)	-0.0204 (-1.1570)	-0.0177 (-1.0539)

续表

变量	(1) 0.001 卡尺内 k 邻近匹配 Lev	(2) 0.002 卡尺内 k 邻近匹配 Lev	(3) 0.003 卡尺内 k 邻近匹配 Lev
Zh	-0.0076 (-1.3256)	-0.0048 (-0.8670)	-0.0070 (-1.2236)
Soe	0.0052 (0.3257)	0.0048 (0.3084)	0.0068 (0.4387)
$Inveni$	0.2227*** (4.8668)	0.2126*** (4.7710)	0.2096*** (4.6986)
Lev_ind	0.0012 (0.0189)	-0.0322 (-0.5834)	-0.0234 (-0.4135)
$Constant$	-0.9075*** (-4.3567)	-0.7963*** (-3.7660)	-0.8607*** (-4.1168)
$Industry$	Yes	Yes	Yes
$Year$	Yes	Yes	Yes
$Firm$	Yes	Yes	Yes
N	5152	5338	5396
R^2	0.1557	0.1597	0.1573

4.5 进一步分析

4.5.1 资本市场开放与企业杠杆率：降杠杆动机和手段的证据

以上结果表明，整体而言，资本市场开放能够促使管理层降低企业杠杆率，发挥债务风险治理作用。正如理论分析所述，资本市场开放能够降低企业杠杆率，归因于管理层有强烈的动机和合适的手段降低企业的杠杆率。因此，本章接下来从多维度验证在资本市场开放的监督下管理层降低杠杆率的动机和手段，以提供降低杠杆率的内在动机和手段。

(1) 降低杠杆率的动机。

理论部分认为,境外投资者的监督效应会增加企业高风险行为被揭露的可能性,增加企业股价下跌的风险,管理层为了避免股权收益受到影响,更有动机降低企业的财务杠杆。所以,本章猜测在管理层收益受股价波动影响较大和境外投资者监督力度较大的企业中,管理层降低杠杆的动机更加强烈,资本市场开放对企业杠杆率的降低作用也更加明显。

首先,相对于管理层持股比例较低的企业,管理层持股比例越高,其收益越容易受到境外投资者股票交易带来的股价波动的影响。因此,我们预期在管理层持股比例较高的企业中,管理层的股票收益因资本市场开放导致股价波动所面临的损失较大,使其降低企业杠杆的动机较强,对杠杆率的影响也较大。然后按照管理层持股比例的年度中位数将样本分为管理层持股比例高、低两组,分别进行模型(4-1)的回归分析,表4-11第(1)列和第(2)列列示了该回归结果。结果显示,在管理层持股比例较高组,沪深港通标的公司虚拟变量 $Hsgt$ 的回归系数为 -0.0383,且在1%的水平上显著为负。而在管理层持股比例较低组,该回归系数却不显著,说明资本市场开放在管理层持股比例较高的企业中所起的降低杠杆的作用更加明显,验证了本章的猜测,管理层在境外投资者的监督下为了避免股价波动对自身股权收益产生负面影响更有动机降低企业的财务杠杆。

表4-11　　　　降杠杆动机测试:管理层持股比例的影响

变量	(1) 管理层持股比例大 Lev	(2) 管理层持股比例小 Lev
$Hsgt$	-0.0383 *** (-5.3866)	-0.0050 (-0.6884)
$Size$	0.0640 *** (11.6722)	0.0563 *** (10.1034)
PPE	0.1021 *** (2.9373)	0.0850 ** (1.9660)
$Cash$	-0.0774 *** (-3.8044)	-0.0670 *** (-3.2287)

续表

变量	(1) 管理层持股比例大 Lev	(2) 管理层持股比例小 Lev
Roe	-0.0991*** (-5.1131)	-0.1210*** (-8.9880)
Intangi	0.2021*** (2.9082)	0.0689 (0.8230)
ETR	-0.0378*** (-2.7805)	-0.0352*** (-2.7125)
Age	0.0455 (1.0763)	-0.0233 (-1.5759)
Zh	-0.0175*** (-3.6243)	-0.0185*** (-2.8447)
Soe	0.0341** (2.0124)	0.0284 (1.5156)
Inveni	0.2934*** (7.2371)	0.2164*** (7.2420)
Lev_ind	0.0403 (0.5857)	-0.1812*** (-3.6129)
Constant	-1.1071*** (-7.2643)	-0.5090*** (-2.8729)
Industry	Yes	Yes
Year	Yes	Yes
Firm	Yes	Yes
N	8993	10148
R^2	0.1987	0.1518

其次，本章认为，相较于成交活跃度较低的企业，成交活跃度较高的企业意味着该标的公司股票受到境外投资者和中介机构的关注更多，交易更多（连立帅等，2019b），因而对管理层更可能形成良好的监督和使投资者获得的信息能够更加准确及时地反应至股价，降低信息不对称程度，进而增加管理层降低杠杆的动机。因此，可以预期，当管理层受到更强的监督时，其风险敏感

度更强，降低杠杆的动机更加强烈，资本市场开放对企业杠杆率的缓解作用也更加明显。为了对此进行验证，本章将样本限定在沪深港通标的企业，并设置了 Active 变量，参考钟凯等（2018b）当"沪深股通"标的股票至少有一天成为"沪深股通"十大活跃成交股时，则定义该股票香港资金参与程度较高，Active 取值为 1，否则 Active 取值为 0，然后进行回归分析，表 4 – 12 第（1）列列示了该回归结果。结果显示，Active 的回归系数为 – 0.0424，且在 1% 的水平上显著为负，该结果表明资本市场开放对企业杠杆率的缓解作用会随着股票交易活跃度的增加而增强。说明交易活跃度越高的标的企业，降低杠杆的作用越明显，验证了本章的猜测，管理层在交易活跃度越高、境外投资者监督力度越大的情形下降低企业财务杠杆风险的动机越强烈。

表 4 – 12　　　　降杠杆动机测试：十大活跃股的影响

变量	(1)
	Lev
Active	– 0.0424***
	(– 4.0527)
Size	0.0716***
	(13.4463)
PPE	0.2664***
	(4.8550)
Cash	– 0.0783***
	(– 2.9452)
Roe	– 0.0895***
	(– 3.0955)
Intangi	0.0789
	(0.8849)
ETR	– 0.0388*
	(– 1.8806)
Age	0.0006
	(0.7392)
Zh	– 0.0072
	(– 1.3847)

续表

变量	(1) Lev
Soe	0.0051
	(0.5058)
Inveni	0.2605***
	(5.9284)
Lev_ind	0.1427**
	(2.5491)
Constant	-1.2462***
	(-9.9146)
Industry	Yes
Year	Yes
N	3210
R^2	0.0842

(2) 降低杠杆率的手段。

本章接下来检验管理层降低杠杆率的手段。理论部分提及资本市场能够通过内源融资渠道、偿还债务渠道和股权融资渠道降低企业的杠杆率，接下来将对其进行检验。根据上述理论和机制检验方法，本章参考温忠麟等（2004）的研究，利用中介机制模型进行验证。首先，利用模型（4-1）检验资本市场开放对企业杠杆率是否有显著影响；其次，利用模型（4-3）检验资本市场开放是否对企业的渠道变量产生显著影响；最后，利用模型（4-4）检验资本市场开放和渠道变量对企业杠杆率的影响，如果资本市场开放和相关渠道变量的系数显著，并且资本市场开放的系数变小，说明渠道变量是资本市场开放与企业杠杆率的部分中介因子。在主要回归结果中，已经检验了资本市场开放对企业杠杆率的影响，接下来我们将检验模型（4-3）和模型（4-4）。

$$Re/Newdebt/Repay/Newequity_{i,t} = \alpha_0 + \alpha_1 Hsgt_{i,t-1} + \alpha_i \sum Control_{i,t-1} + \gamma_i + \eta_t + \kappa + \varepsilon_{i,t} \quad (4-3)$$

$$Lev_{i,t} = \alpha_0 + \alpha_1 Hsgt_{i,t-1} + \alpha_2 Re/Newdebt/Repay/Newequity_{i,t} + \alpha_i \sum Control_{i,t-1} + \gamma_i + \eta_t + \kappa + \varepsilon_{i,t} \quad (4-4)$$

第一，检验内源融资渠道，若内源融资渠道成立，则资本市场开放会显著提升企业的留存收益。参考周茜等（2020）的研究，内源融资"留存收益增加额" Re 定义为（当期留存收益－上期留存收益）/上期总资产的比值，其中留存收益等于盈余公积＋未分配利润，然后进行模型（4-3）和模型（4-4）的回归分析。回归结果列示于表4-13第（1）列和第（2）列，第（1）列结果显示，资本市场开放增加了企业的内源融资，第（2）列结果显示，资本市场开放 Hsgt 与留存收益的回归系数均显著为负，说明企业留存收益增加时，企业的杠杆率更低，并且 Hsgt 的系数相对于表4-3有所降低，支持了内源融资渠道。同时，我们还从新增债务融资层面进一步验证了内源融资渠道的成立，参考彭章等（2021）的研究，本研究将"新增债务融资额" Newdebt 定义为（发行债券收到的现金＋取得借款收到的现金）/期初总资产的比值，然后进行模型（4-3）和模型（4-4）的回归分析。回归结果列示于表4-13第（3）列和第（4）列，第（3）列结果显示，资本市场开放降低了企业的债务融资额，第（4）列结果显示，资本市场开放 Hsgt 与新增债务的回归系数分别显著为负和正，说明企业债务增加时，企业的杠杆率更高，并且 Hsgt 的系数相对于表4-3有所降低，反向支持了内源融资渠道，表明企业内源融资获得满足后，会降低企业的新增债务，从而降低企业的杠杆率。

表4-13　　　　　降杠杆手段测试：内源融资渠道

变量	(1)	(2)	(3)	(4)
	Re	Lev	Newdebt	Lev
Hsgt	0.0120 ***	-0.0210 ***	-0.0072 *	-0.0223 ***
	(6.2107)	(-4.1798)	(-1.6847)	(-4.9223)
Re		-0.2824 ***		
		(-11.0344)		
Newdebt				0.2858 ***
				(30.0275)
Size	-0.0295 ***	0.0582 ***	0.0182 ***	0.0613 ***
	(-19.4412)	(14.3860)	(7.1789)	(16.9931)
PPE	0.0260 **	0.0475	0.3469 ***	-0.0590 **
	(2.0496)	(1.6384)	(12.5706)	(-2.1854)

续表

变量	(1) Re	(2) Lev	(3) Newdebt	(4) Lev
Cash	0.0703*** (9.1542)	-0.0499*** (-3.4024)	-0.2357*** (-15.4043)	-0.0024 (-0.1740)
Roe	0.0345*** (5.2639)	-0.1214*** (-11.3702)	0.0235*** (2.6170)	-0.1379*** (-12.8590)
Intangi	-0.0034 (-0.1439)	0.1347** (2.3816)	0.0671* (1.7549)	0.1164** (2.0976)
ETR	-0.0222*** (-4.3017)	-0.0536*** (-5.3967)	-0.0517*** (-5.1842)	-0.0326*** (-3.5066)
Age	0.0107** (2.4356)	-0.0001 (-0.0040)	0.0133 (0.9232)	-0.0069 (-0.5011)
Zh	0.0031** (2.0211)	-0.0230*** (-5.4457)	-0.0047 (-1.5917)	-0.0226*** (-5.7258)
Soe	-0.0150*** (-2.7429)	0.0327*** (2.6336)	-0.0025 (-0.3047)	0.0376*** (3.2213)
Inveni	0.0226** (2.3096)	0.2542*** (10.2693)	0.1638*** (9.4062)	0.2010*** (8.4699)
Lev_ind	-0.0035 (-0.1405)	-0.1085*** (-2.6242)	-0.0091 (-0.2008)	-0.1049*** (-2.7207)
Constant	0.5996*** (13.9341)	-0.7828*** (-6.6713)	-0.1317 (-1.3014)	-0.9144*** (-8.1123)
Industry	Yes	Yes	Yes	Yes
Year	Yes	Yes	Yes	Yes
Firm	Yes	Yes	Yes	Yes
N	19141	19141	19141	19141
R^2	0.0918	0.1744	0.0721	0.2877

第二，检验偿还债务渠道，若偿还债务渠道成立，则资本市场开放会显著增加企业的债务偿还。参考彭章等（2021）将"偿还债务"Repay定义为偿还债务支付的现金/期初总资产的比值，然后进行模型（4-3）和模型（4-4）的回归分析。回归结果列示于表4-14第（1）列和第（2）列，第（1）列结果

显示，资本市场开放对企业的债务偿还没有影响，并且第（2）列结果显示，资本市场开放与债务偿还的回归系数分别显著为负和正，说明企业偿还债务时，企业的杠杆率更高，并不支持偿还债务渠道。

第三，检验股权融资渠道，若股权融资渠道成立，则资本市场开放会显著增加企业的股权融资。参考顾乃康和周艳利（2017）的研究，本研究将"新增权益"$Newequity$定义为吸收权益性投资收到的现金/期初总资产的比值，然后进行模型（4-3）和模型（4-4）的回归分析。回归结果列示于表4-14第（3）列和第（4）列，第（3）列结果显示，资本市场开放增加了企业的股权融资额，第（4）列结果显示，资本市场开放$Hsgt$与新增股权融资额的回归系数均显著为负，说明企业股权融资增加时，企业的杠杆率更低，并且$Hsgt$的系数相对于表4-3有所降低，支持了股权融资渠道。

表4-14　降杠杆手段测试：偿还债务渠道和股权融资渠道

变量	(1)	(2)	(3)	(4)
	偿还债务渠道		股权融资渠道	
	$Repay$	Lev	$Newequity$	Lev
$Hsgt$	-0.0072	-0.0228***	0.0075***	-0.0241***
	(-1.2831)	(-4.8704)	(2.7868)	(-4.7256)
$Repay$		0.2158***		
		(19.4986)		
$Newequity$				-0.1694***
				(-16.6946)
$Size$	0.0315***	0.0597***	-0.0244***	0.0625***
	(7.3207)	(16.3305)	(-11.8867)	(15.9605)
PPE	-0.0325	0.0472*	0.1447***	0.0648**
	(-0.9842)	(1.6746)	(6.3719)	(2.2134)
$Cash$	-0.1835***	-0.0302**	0.0433***	-0.0623***
	(-10.5492)	(-2.0763)	(4.0044)	(-4.2356)
Roe	-0.0621***	-0.1178***	0.0575***	-0.1213***
	(-5.2115)	(-10.6218)	(8.5328)	(-10.8018)
$Intangi$	0.1552**	0.1021*	0.1553***	0.1620***
	(2.5373)	(1.8223)	(5.1550)	(2.8611)

续表

变量	(1) 偿还债务渠道 Repay	(2) 偿还债务渠道 Lev	(3) 股权融资渠道 Newequity	(4) 股权融资渠道 Lev
ETR	-0.0785*** (-7.6084)	-0.0304*** (-3.2113)	-0.0182*** (-2.8940)	-0.0505*** (-5.0193)
Age	0.0112 (0.8309)	-0.0055 (-0.4090)	-0.0020 (-0.7139)	-0.0033 (-0.2392)
Zh	-0.0093** (-2.0867)	-0.0219*** (-5.4265)	-0.0130*** (-5.9070)	-0.0261*** (-6.0941)
Soe	-0.0024 (-0.1897)	0.0374*** (3.1782)	-0.0187*** (-2.8831)	0.0338*** (2.6814)
Inveni	0.1475*** (5.6192)	0.2160*** (9.0255)	0.0860*** (6.3738)	0.2625*** (10.4573)
Lev_ind	-0.0334 (-0.8298)	-0.1003** (-2.5228)	-0.0251 (-0.8221)	-0.1119*** (-2.7946)
Constant	-0.4346*** (-3.6020)	-0.8583*** (-7.7248)	0.5106*** (9.8084)	-0.8689*** (-7.4826)
Industry	Yes	Yes	Yes	Yes
Year	Yes	Yes	Yes	Yes
Firm	Yes	Yes	Yes	Yes
N	19141	19141	19141	19141
R^2	0.0751	0.2080	0.0667	0.1737

综上所述，实证结果支持内源融资渠道和股权融资渠道，并不支持债务偿还渠道。即资本市场开放通过增加企业的内部资金和股权资金，降低了对债务资金的依赖，从而降低企业的杠杆率。

4.5.2 基于债务类型的分组检验

上述实证结果表明，资本市场开放降低了标的企业杠杆率。企业的债务按照期限和来源可以分成不同的类型，从而导致杠杆率呈现出不同的状态，接下来本章将进一步按照债务期限和来源将杠杆率进行细分，考察资本市场开放对不同杠杆率产生的影响差异。

首先，按照债务期限结构将杠杆率分为短期杠杆率和长期杠杆率进行分组检验。参考王玉泽等（2019）的研究，将短期杠杆率 $Slev$ 定义为流动负债合计/资产合计的比值，将长期杠杆率 $Llev$ 定义为长期负债合计/资产合计的比值。回归结果列示于表4–15第（1）列和第（2）列，结果显示，资本市场开放不仅降低了短期杠杆率，也降低了长期杠杆率。

其次，按照债务的来源将杠杆率分为银行借款杠杆率和商业信用杠杆率进行分组检验。参考王玉泽等（2019）的研究，将银行贷款杠杆率 $Blev$ 定义为（期末短期借款 + 期末长期借款）/期末总资产的比值，商业信用杠杆率 $Clev$ 定义为（期末应付账款 + 应付票据 + 预收账款）/期末总资产的比值。回归结果列示于表4–15第（3）列和第（4）列，结果显示，资本市场开放不仅降低了银行贷款杠杆率，也降低了商业信用杠杆率。

表4–15　　　　　　　　　　不同负债类型的分组结果

变量	(1) 短期杠杆率 $Slev$	(2) 长期杠杆率 $Llev$	(3) 银行借款杠杆率 $Blev$	(4) 商业信用杠杆率 $Clev$
$Hsgt$	-0.0144*** (-3.0452)	-0.0101*** (-3.5244)	-0.0159*** (-4.0193)	-0.0094*** (-3.0907)
$Size$	0.0331*** (9.1869)	0.0326*** (16.0247)	0.0382*** (12.6876)	0.0105*** (4.8521)
PPE	-0.2019*** (-7.2020)	0.2349*** (12.5000)	0.1561*** (6.5781)	-0.0489*** (-2.8854)
$Cash$	-0.0047 (-0.3169)	-0.0619*** (-7.9234)	-0.1613*** (-14.5974)	0.1061*** (10.8543)
Roe	-0.1107*** (-10.2849)	-0.0190*** (-3.0391)	-0.0555*** (-6.5640)	-0.0321*** (-5.2290)
$Intangi$	0.0589 (1.0791)	0.0461 (1.6333)	0.1468*** (3.6621)	-0.0733** (-2.5040)

续表

变量	(1) 短期杠杆率 Slev	(2) 长期杠杆率 Llev	(3) 银行借款杠杆率 Blev	(4) 商业信用杠杆率 Clev
ETR	-0.0383*** (-3.9598)	-0.0082* (-1.6578)	-0.0310*** (-4.2913)	0.0072 (1.2691)
Age	0.0208 (1.4792)	-0.0232* (-1.8854)	-0.0105 (-0.8722)	0.0252** (1.9765)
Zh	-0.0126*** (-3.2623)	-0.0104*** (-5.2197)	-0.0159*** (-5.2164)	-0.0018 (-0.7859)
Soe	0.0337*** (2.7280)	0.0045 (0.7632)	0.0229** (2.4965)	0.0157** (2.1200)
$Inveni$	0.2456*** (9.9762)	0.0122 (0.9338)	0.0492** (2.5243)	0.1996*** (10.7557)
Lev_ind	-0.0822** (-2.0179)	-0.0040 (-0.1454)	-0.0342 (-1.0871)	-0.0567* (-1.9491)
$Constant$	-0.4651*** (-3.7813)	-0.5011*** (-5.2541)	-0.5480*** (-5.5111)	-0.2497*** (-2.8968)
Industry	Yes	Yes	Yes	Yes
Year	Yes	Yes	Yes	Yes
Firm	Yes	Yes	Yes	Yes
N	19141	19141	19141	19141
R^2	0.1078	0.1096	0.1191	0.0971

4.5.3 横截面测试

上述理论分析和回归结果均证实了资本市场开放一是能够通过监督管理层提升企业业绩，增加企业的内部资金，降低企业对债务资金的依赖，从而降低企业的杠杆率。二是能够通过降低股权融资成本提升企业的股权融资，从而降低企业的杠杆率。证实了资本市场开放作为市场化的外部治理机制，可以对企业的高杠杆风险起到较好的治理作用。但是，资本市场开放对企业杠杆率的治理效应可能会受其他治理因素的影响。为此，本章进一步考察不同的治理环境下，资本市场开放对企业杠杆率产生的作用差异。

(1) 合格的境外机构投资者持股的影响。

为了促进资本市场的逐步开放，我国于 2003 开始正式引入合格的境外机构投资者进入我国资本市场，截至目前，QFII 已经成为我国资本市场上一支重要的力量。已有文献对合格的境外机构投资者是否具有治理效应进行了研究，发现境外的机构投资者比其他投资者更加专业和独立，不仅能够积极地参与公司治理（Gillan and Starks，2003；Huang and Zhu，2015），还可以通过"用脚投票"的方式对管理层形成威慑，降低管理层从事损害企业业绩的高风险行为和自利行为，并提升企业业绩（Ferreir and Matos，2008；王昶和焦娟妮，2009；Aggarwal et al.，2011），为企业的内源融资提供可能。并且，还有研究发现，QFII 可以通过增加股票的流动性，降低投资者所面临的持股风险，从而降低企业的股权融资成本（Bekaert and Harvey，2000），为企业股权融资提供便利。这些研究表明，QFII 持股不仅有助于提升管理层降低财务杠杆的动机，还可以为企业提供降低杠杆的内源融资和股权融资方式，从而降低企业的杠杆率。如果资本市场开放是通过提升管理层降低杠杆动机和提供内源融资和股权融资的手段降低企业杠杆率，那么，资本市场开放对企业高杠杆风险的治理效应应该在境外机构投资者无法强化管理层降低杠杆动机和提供降低杠杆手段的企业中表现得更加突出。

为了对此进行验证，首先，根据企业是否有 QFII 持股将样本划分为有、无 QFII 持股两组；然后，分别进行模型（4-1）的回归分析，回归结果列示于表 4-16 第（1）列和第（2）列。结果显示，在无 QFII 持股的公司样本中，沪深港通标的公司虚拟变量 $Hsgt$ 的回归系数为 -0.0261，在 1% 的水平上显著为负，但在有 QFII 持股的公司样本中却不显著，说明沪深港通交易制度的实施对企业杠杆率的影响在无合格的境外机构投资者的企业中较为显著，印证了本章的猜测。

(2) 聘用会计师事务所规模的影响。

已有研究发现，企业聘用大规模审计机构提供财务报表审计服务，如

"国际四大",一是可以对管理层形成监督,降低企业的代理成本和导致审计风险的行为(权小锋等,2010;谢盛纹等,2015)。二是不仅可以向市场传递出本企业会计信息质量较高的信号(张学勇等,2014),还能提供高质量的审计服务,降低企业的信息不对称程度,降低投资者要求的风险溢价,从而降低企业的股权融资成本(曹书军等,2012),为企业股权融资提供便利。这些研究表明,高质量审计的监督和信息效应不仅可以提升管理层降低杠杆的动机,还可以为企业提供降低杠杆的股权融资手段,从而降低企业的杠杆率。如果资本市场开放是通过提升管理层降低杠杆动机和提供股权融资的手段降低企业杠杆率,那么,资本市场开放对企业高杠杆风险的治理效应应该在外部审计治理无法强化管理层降低杠杆动机和提供降低杠杆手段的企业中表现得更加突出。

为了对此进行验证,首先,根据企业当年所聘用的会计师事务所是否为"国际四大"将样本划分为"国际四大"、非"国际四大"审计两组;其次,分别行模型(4-1)的回归分析,回归结果列示于表4-16第(3)列和第(4)列。结果显示,在非"国际四大"审计的公司样本中,沪深港通标的公司虚拟变量 $Hsgt$ 的回归系数为 -0.0303,在1%的水平上显著为负,但在"国际四大"审计的公司样本中却不显著,说明沪深港通交易制度的实施对企业杠杆率的影响在非"国际四大"审计的企业中较为显著,印证了本章的猜测。

表4-16 横截面测试:其他治理机制的调节作用

变量	(1) 无 QFII 持股 Lev	(2) QFII 持股 Lev	(3) 非"国际四大"审计 Lev	(4) "国际四大"审计 Lev
$Hsgt$	-0.0261*** (-4.8582)	-0.0107 (-0.8988)	-0.0303*** (-5.4975)	0.0060 (0.4947)
$Size$	0.0664*** (15.7621)	0.0781*** (6.7012)	0.0679*** (16.4318)	0.0575*** (3.3103)
PPE	0.0292 (0.9492)	0.1898** (2.3484)	0.0287 (0.9403)	0.3288*** (3.2668)
$Cash$	-0.0742*** (-4.8069)	-0.0589 (-1.1278)	-0.0692*** (-4.6097)	-0.0113 (-0.2191)

续表

变量	(1) 无QFII持股 Lev	(2) QFII持股 Lev	(3) 非"国际四大"审计 Lev	(4) "国际四大"审计 Lev
Roe	-0.1337*** (-11.4723)	-0.0589 (-0.9591)	-0.1296*** (-11.1528)	-0.1326** (-2.3036)
Intangi	0.1160* (1.8689)	0.2575 (1.4456)	0.1502** (2.5385)	0.2575 (0.9539)
ETR	-0.0437*** (-4.1425)	-0.0450 (-1.0910)	-0.0465*** (-4.4535)	-0.0280 (-1.1119)
Age	0.0005 (0.0363)	-0.0092 (-0.5848)	-0.0029 (-0.1886)	0.0018 (0.1436)
Zh	-0.0240*** (-5.3504)	-0.0109 (-1.0036)	-0.0224*** (-5.1137)	-0.0459*** (-3.4599)
Soe	0.0368*** (2.8946)	-0.0282 (-0.4185)	0.0362*** (2.8096)	0.0331 (1.1301)
Inveni	0.2558*** (9.5523)	0.0638 (0.7413)	0.2498*** (9.7302)	0.1359 (1.5189)
Lev_ind	-0.0906** (-2.2369)	-0.8773*** (-2.7450)	-0.0954** (-2.2636)	-0.3710** (-2.5459)
Constant	-0.9725*** (-7.9706)	-0.7513*** (-2.8090)	-0.9858*** (-8.0715)	-0.4130 (-0.8704)
Industry	Yes	Yes	Yes	Yes
Year	Yes	Yes	Yes	Yes
Firm	Yes	Yes	Yes	Yes
N	17149	1992	17926	1215
R^2	0.1527	0.1854	0.1532	0.2966

4.5.4 结果分析：资本结构优化及其动态调整

前文分析可知，资本市场开放显著降低了标的企业的杠杆率，那么杠杆率的下降是否意味着企业拥有合理的负债水平和资本结构，为了对杠杆率下降的

后果进行检验,本章利用以下两种方法进行深入探讨:

第一,立足于企业负债水平的角度上,考察资本市场开放对杠杆率的降低作用是否在负债程度高的企业中更加显著,使负债回归到合理水平。为了对此进行验证,参考李志生等(2020)利用企业是否过度负债表示企业的负债水平高低,借鉴 Harford 等(2009)、Denis 和 Mckeon(2012)和陆正飞等(2015)的研究,使用回归模型(4-5)对样本进行分年度 OLS 回归,然后利用回归模型的拟合值来预测企业的目标负债率 $Tlev$,当实际杠杆率 Lev 高于目标杠杆率 $Tlev$ 时,定义为过度负债组,当实际杠杆率 Lev 低于目标杠杆率 $Tlev$ 时,定义为负债不足组。然后利用模型(4-1)进行分组检验,回归结果列示于表 4-17 的第(1)列和第(2)列。结果显示,在过度负债组,沪深港通标的公司虚拟变量 $Hsgt$ 的回归系数为 -0.0145,在 1% 的水平上显著为负,而在负债不足的公司样本中该系数却不显著,说明资本市场开放显著降低了过度负债公司的杠杆率,优化了企业的资本结构,确实降低了高杠杆企业的风险。

$$Lev_{i,t} = \beta_0 + \beta_1 Soe_{i,t-1} + \beta_2 Roe_{i,t-1} + \beta_3 Size_{i,t-1} + \beta_4 PPE2_{i,t-1} + \beta_5 Ag_{i,t-1}$$
$$+ \beta_6 Lev\_ind_{i,t-1} + \beta_6 First_{i,t-1} + \varepsilon_{i,t} \qquad (4-5)$$

其中 Ag 为总资产增长率、$PPE2$ 为固定资产占比、$First$ 为第一大股东持股比例,其他变量定义同模型(4-1)。

第二,立足于资本结构动态调整速度的视角,考察资本市场开放是否增加了标的企业资本结构的动态调整速度。参考李志生等(2020)的研究利用模型(4-6)来检验资本市场开放对企业资本结构动态调整速度的影响。

$$Lev_{i,t} - Lev_{i,t-1} = (\beta_0 + \beta_1 Hsgt_{i,t-1}) \times (TLev_{i,t} - Lev_{i,t-1}) + \beta_i \sum Control_{i,t-1}$$
$$+ \gamma_i + \eta_t + \kappa + \varepsilon_{i,t} \qquad (4-6)$$

其中 $Tlev$ 为企业的目标负债率,其他变量的定义同模型(4-1),将其代入回归模型(4-6)进行回归分析。回归结果列示于表 4-17 第(3)列,在此主要关注系数 β_1,其代表沪深港通交易制度的实施对企业资本结构动态调整速度的影响,结果显示,交互项 $Hsgt * DTlev$ 的系数为 0.0483,并且在 1% 的水平上显著为正,说明沪深港通交易制度的实施显著提升了标的企业的资本结构调整速度。

以上结果表明，资本市场开放该市场化的治理机制降低了企业的杠杆率，尤其是降低了过度负债企业的杠杆率，优化了企业的资本结构和提升了资本结构的动态调整速度，降低了企业的债务风险。

表4-17　　　　结果分析：资本结构优化及动态调整

变量	(1) 过度负债组 Lev	(2) 负债不足组 Lev	(3) 资本结构调整 Dlev
Hsgt	-0.0145*** (-2.9086)	-0.0072 (-1.4747)	-0.0132*** (-5.6735)
DTlev			0.3187*** (36.6385)
Hsgt * DTlev			0.0483*** (4.0599)
Size	0.0374*** (9.6318)	0.0677*** (18.4647)	-0.0030* (-1.6549)
PPE	-0.1063*** (-3.2766)	0.0984*** (3.9134)	0.1408*** (8.6538)
Cash	-0.0607*** (-4.5601)	-0.0045 (-0.2934)	-0.0810*** (-8.5666)
Roe	-0.1395*** (-15.7471)	-0.1744*** (-11.2160)	0.0434*** (5.5712)
Intangi	0.0204 (0.3722)	0.2002*** (3.9520)	-0.0285 (-1.0939)
ETR	-0.0369*** (-3.4309)	-0.0171* (-1.8746)	0.0109* (1.7501)
Age	0.0091 (0.8358)	-0.0018 (-0.0826)	-0.0078 (-1.4040)
Zh	-0.0060 (-1.2489)	-0.0113*** (-3.4847)	-0.0043** (-2.2423)
Soe	0.0489*** (3.8112)	0.0246* (1.8041)	0.0050 (0.9251)

续表

变量	(1) 过度负债组 Lev	(2) 负债不足组 Lev	(3) 资本结构调整 Dlev
Inveni	0.0620*** (2.8080)	0.2465*** (10.6785)	0.0385*** (3.0133)
Lev_ind	0.0404 (0.8925)	0.2293*** (4.9810)	-0.2379*** (-8.5076)
Constant	-0.2077* (-1.9240)	-1.2750*** (-8.7209)	0.1994*** (3.9132)
Industry	Yes	Yes	Yes
Year	Yes	Yes	Yes
Firm	Yes	Yes	Yes
N	8921	10220	19141
R^2	0.1680	0.2098	0.1800

4.6 本章小结

从微观层面来说，企业杠杆率较高不仅会使企业陷入财务困境，增加企业的破产风险，还可能导致低效率企业占有债务融资，挤出正常企业的债务，造成信贷资源的错配。从宏观层面来说，过高的杠杆率不仅会减缓经济增长速度，制约经济发展质量，还可能引发金融危机。如何积极而稳妥地降低企业杠杆率不仅是我国近期追求的去杠杆目标，也是企业和宏观经济能健康长远运行的保障。本章以沪深港通交易制度的实施为准自然实验场景，以企业的高杠杆风险为切入点，利用我国沪深A股上市公司2009~2020年的财务数据，深入探讨资本市场开放能否对企业的高杠杆风险进行有效治理。研究结果表明：第一，资本市场开放显著降低了标的企业的杠杆率，并且当管理层持股比例较高、股票在香港交易所的交易活跃度较高时，资本市场开放对企业杠杆率的降低作用表现得更加明显；第二，从降杠杆手段来看，资本市场开放主要通过增加企业内源融资和股权融资的形式降低企业的杠杆率；第三，细分企业负债类型发现，资本市场开放不仅降低了企业的短期杠杆率和长期杠杆率，还降低了企业的商业信用杠杆率和银行贷款杠杆率；第四，基于治理环境的分组结果表明，当企业无 QFII 持股、聘用非"国际四大"会计师事务所时，资本市场开放对企业杠杆率的降低作用更加明显；第五，从降杠杆的结果来看，一是资本市场开放对杠杆率的降低作用主要存在于过度负债企业，降低了负债水平较高企业的"坏杠杆"，保留了负债水平较低企业的"好杠杆"。二是资本市场开放能够显著提升标的企业资本结构的动态调整速度，使企业的资本结构更加优化。

第 5 章

资本市场开放与企业投融资期限错配

第 4 章从总体债务结构视角验证了资本市场开放的债务风险治理效应，本章将进一步从债务期限结构视角考察资本市场开放能否对企业投融资期限错配发挥治理效应，并进一步分析该效应发挥作用的场景及其内在作用机制。实证结果发现，资本市场开放显著改善了标的企业的投融资期限错配，降低了企业的流动性风险，且当企业融资约束程度较高、管理层越过度自信、管理层非理性短期借款的"羊群"效应越高时，资本市场开放对企业投融资期限错配的缓解效应更加明显，这主要是依靠缓解融资约束与抑制管理层非理性行为实现的。一方面，资本市场开放优化了标的企业的信息环境，缓解了融资约束；另一方面，资本市场开放引来了拥有雄厚资本和更加专业的投资者，他们通过"用脚投票"的方式对管理层行为进行监督，缓解企业融资约束的同时，使管理层经营行为更加理性化。横截面测试结果显示，当企业无 QFII 持股、聘请非"国际四大"会计师事务所时，资本市场开放对企业投融资期限错配的缓解效应更加显著。其他进一步分析结果表明，标的股票在香港交易所交易的活跃度越高，企业投融资期限错配的缓解作用越明显。

5.1 引　言

在党的十九大报告提出新时代要防范和化解重大金融风险的背景下，主要由企业融资约束和管理层非理性融资、节约成本或传递信号等因素导致的投融资期限错配受到了学者们的重点关注。据笔者统计，2009~2020 年，样本区间内 14.94%~32.43% 的非金融上市公司存在投融资期限错配行为①。基于资金期限匹配原则，长期投资一般由长期资金满足，用短期资本支持长期投资，虽然在一定程度上为企业提供了流动资金（Campello et al.，2011），但违背了资金期限匹配原则，给企业和宏观经济带来了较大危害。从微观层面来说，投融资期限错配不仅会增加企业的经营风险、降低企业业绩（钟凯等，2016；马红等，2018a），严重时会引发流动性危机，导致企业破产（Acharya et al.，2011；Gopalan et al.，2014）。宏观层面上，投融资期限错配不仅会损害金融系统的稳定性，还会影响经济的可持续性发展（钟凯等，2016）。尤其在中央明确提出防范重大金融风险的现实背景下，解决企业的投融资期限错配问题显得尤为重要。

投融资期限错配导致的严重经济后果已经成为我国金融风险的重要原因之一（李扬，2014）。然而，目前关于投融资期限错配的研究大多集中于投融资期限错配的动因和后果方面（白云霞等，2016；钟凯等，2016；罗宏等，2018；马红等，2018a；王红建等，2018；刘晓光和刘元春，2019；沈红波等，2019），关于如何缓解投融资期限错配，防止企业流动性危机的研究比较少，主要集中在采用适当的货币政策、利率市场化改革、产融互动模式改革等方面，尚未有研究立足于资本市场对外开放视角，探讨股票市场的对外开放能否缓解企业的投融资期限错配。所以，研究资本市场开放能否缓解企业投融资期限错配以解决企业的流动性风险有重要的理论与现实意义。

为了加快我国资本市场的国际化进程，我国分别于 2014 年和 2016 年开通了沪港通和深港通股票市场交易互联互通机制（以下简称沪深港通交易制度），该制度的实施使境外投资者可以通过香港联合交易所购买上海证券交易所和深圳证券交易所的标的股票。该制度的实施不仅为标的公司带来了更具有专业分析能力的成熟投资者，还带来了更多专业中介机构的跟踪，对于优化信

---

① 据 CSMAR 数据统计，2009~2020 年，样本区间内存在投融资期限错配行为的非金融上市公司占比分别为：17.55%、24.33%、32.43%、30.29%、27.50%、24.75%、21.01%、14.94%、20.99%、27.26%、20.85%、19.47%。

息环境、提升公司治理和缓解企业的融资约束有着至关重要的作用。现有研究从委托代理理论和信息不对称理论出发,发现资本市场开放既可以缓解企业的融资约束(Lin and Ye,2018;连立帅等,2019b;Moshirian et al.,2021),也可以引来成熟的境外投资者利用交易行为形成监督机制约束管理层的非理性经营决策行为(Ferreira et al.,2010;邹洋等,2019),为我国投融资期限错配的改善带来了可能。基于此,本章以沪深港通交易制度实施为背景,研究资本市场开放对企业投融资期限错配的影响及其作用机制。

本章以我国2009~2020年沪深A股上市公司为样本,构造双重差分模型,探讨资本市场开放对企业投融资期限错配的影响及其作用机制。研究发现,第一,资本市场开放显著改善了标的企业的投融资期限错配,且这一效应在融资约束大、管理层过度自信以及管理层羊群效应较高的企业中更为显著,验证了资本市场开放通过缓解企业的融资约束与约束管理层的非理性行为来缓解企业的投融资期限错配;第二,基于公司治理机制的分组结果表明,上述关系在无QFII持股、聘用非"国际四大"会计师事务所的企业中表现得更加显著;第三,其他进一步分析结果表明,标的股票在香港交易所交易的活跃度越高时,企业投融资期限错配的缓解作用越明显。

本章可能的贡献包括以下3个方面:

第一,不仅拓展了企业投融资期限错配缓解机制的研究,也同时从缓解融资约束和管理层非理性行为两条路径检验了资本市场开放对企业投融资期限错配的缓解作用。现有研究大多数集中于"引资"视角探讨对企业投融资期限错配的缓解(钟凯等,2016;马红等,2018a),很少有文献提及"引制"对投融资期限错配的缓解。本文基于沪深港通交易制度实施的场景,结合相关文献研究,同时考虑"引资"和"引制"对投融资期限错配的缓解作用,从而建立起资本市场开放——缓解融资约束与管理层非理性行为——企业投融资期限错配的分析路径,探讨了资本市场开放缓解投融资期限错配的传导渠道。

第二,立足于我国投融资期限错配视角拓展了资本市场开放经济后果的研究。以往关于资本市场开放经济后果的研究主要集中在股价信息含量(Bae et al.,2012;钟覃琳和陆正飞,2018)、股价对投资的引导作用(连立帅等,2019a)、公司治理水平和治理效果(Bae and Goyal,2010;Ferreira et al.,

2010；Kim and Yi, 2015；陈运森和黄健峤，2019）等方面，尚未有文献立足于投融资期限错配视角研究资本市场开放的经济后果。本章研究发现，资本市场开放缓解了企业的融资约束和限制了管理层非理性行为，进而缓解了企业的投融资期限错配，表明资本市场开放作为股票二级市场改革的重要举措，可以对企业的投融资期限错配起到较好的治理作用，改善资源的期限配置效率，为我国不断深化的资本市场逐步对外开放提供经验证据。

第三，拓展了"用脚投票"公司治理机制在我国金融市场上的可行性研究。本章研究发现当企业无 QFII 持股、聘用非"国际四大"会计师事务所时，资本市场开放引入的市场监督机制可以对投融资期限错配起到很好的治理作用，不仅说明了资本市场开放在一定程度上可以对公司的其他治理机制进行替代，还验证了"用脚投票"这种市场化的监督机制在我国金融市场上是可行的，能够起到应有的监督作用。

5.2 理论分析与研究假设

大多数研究证实，我国企业投融资期限错配的动因主要包括以下两个方面：一是由于我国金融抑制、信息不对称等原因导致企业的融资约束，使企业只能使用替代性的短期借款进行长期投资，从而增加了企业的投融资期限错配（白云霞等，2016；钟凯等，2016；马红等，2018a；刘晓光和刘元春，2019）；二是非理性的管理层更加激进，更愿意使用短期借款，导致企业的投融资期限错配现象更加严重，或是管理层为了应对经理市场的压力，面对决策时选择跟随同伴企业的融资决策，即"羊群"效应。即投融资期限错配是企业主动的选择（余明桂等，2006；Huang et al., 2016；孙凤娥，2019a）。

沪深港通交易制度的实施不仅为内地投资者开通了投资海外股票的渠道，也为我国资本市场引来更多成熟的境外投资者和中介机构。引入的这些国际投资者具有更为专业的信息处理和分析能力，他们比本地投资者更加理性，不仅能够利用"用脚投票"的方式对企业进行监督，还会通过增加股票信息含量和引入大量的境外中介机构优化企业的信息环境，从而改善企业的融资约束和限制管理层的非理性行为。因此，基于投融资期限错配的融资约束动因和管理层非理性行为动因，本章认为，资本市场开放能够通过缓解企业的"融资约束"和约束"管理层的非理性行为"来缓解企业的投融资期限错配。

首先，对于融资约束假说而言，资本市场开放可以降低企业的融资约束，进而缓解企业的投融资期限错配。在信息透明度较低和代理成本较高的企业，企业因为较高的外部融资成本，面临较高的融资约束，所以只能选择替代性的短期借款进行长期投资，进而导致企业的投融资期限错配。一方面，资本市场开放通过引入外部市场监督缓解企业的融资约束，进而缓解企业的投融资期限错配。资本市场开放为企业带来成熟的较为理性的海外投资者，这些境外投资者多数来自于海外发达的资本市场，他们不仅具有良好的信息处理和分析能力，而且具有全球化的投资经验，他们会利用股票交易的方式对公司实施较好的监督，该监督效应不仅有助于提升企业的经营业绩（于博和吴菡虹，2020），增加企业的内源融资，还能降低企业的外部融资成本，缓解企业面临的融资约束（Bernanke and Gertler，1990），促使企业不再依赖不断续借的短期资金进行长期投资，从而降低短贷长投这种替代性融资方式的出现（马红等，2018a）。另一方面，资本市场开放通过优化企业信息环境缓解企业的融资约束，进而降低企业的投融资期限错配。有研究发现，沪深港通交易制度的实施不仅可以通过引入更多的境外投资者利用其先进的投资经验将市场信息及时准确地反映至股票价格，从而增加股价的信息含量以改善信息环境（钟凯等，2018b；钟覃琳和陆正飞，2018），还能通过引入更多分析师和媒体的跟踪降低企业信息不对称（郭阳生等，2018）。此外，资本市场开放还可以通过加大企业面临的竞争压力和潜在信息操纵成本促使企业主动提高会计信息质量（Bae et al.，2006；阮睿等，2021）。由此可见，资本市场开放会使外部投资者或银行与标的企业的信息不对称程度降低，降低投资者要求的风险溢价，使外部融资成本降低，进而缓解企业面临的融资约束（杨胜刚等，2020），降低企业替代性融资方式的出现，从而降低企业的投融资期限错配。

其次，就管理层非理性假说而言，资本市场开放不仅可以通过将企业的负面信息及时反映到股价对管理层产生威慑作用，还可能会因为控制权市场竞争的加剧增加管理层的犯错成本，约束管理层的非理性行为，从而降低企业利用短期资金进行长期投资的可能。一方面,过度自信的管理层由于认知偏差会比较乐观,低估风险且高估收益,会选择更加激进的融资政策(Ben David et al.,2013),更愿意相信企业可以利用不断续借的资金(成本较低的短期借款)进行长期投资(Ahmad and Habib,2018)。如果公司赋予管理层更大的控制权和话语权,将会放大管理层的过度自信程度(Moore and Kim,2003),相反,如果对管理层形成一定程度上的约束,会缓解管理层的过度自信倾向(Banerjee et al.,2015;梁上坤,2015;刘艳霞和祁怀锦,2019)。研究发现,企业债务、融资融券等因素会约束管理层的行为,并在一定程度上缓解管理层过度自信与融资决策之间的关系(梁上坤,2015;刘艳霞和祁怀锦,2019)。基于上述理论,本章选择外资投资者的交易行为作为约束管理层过度自信的市场机制(Qian,2011),当企业纳入资本市场开放标的名单时,境外投资者的股票交易(选择是否购买标的公司股票)行为会形成市场压力,促使管理层及时纠正认知上的偏差,对管理层的非理性融资行为产生约束,而且当管理者可以预期境外投资者的交易行为时,亦会在一定程度上约束自己的非理性行为,以缓解其激进的负债行为,进而降低企业的投融资期限错配。另一方面,当外部环境存在不确定性时,管理层出于某些目的,如节约成本、维护自身声誉等,在进行融资决策时会向同伴行业效仿,跟随同地区、同类型其他企业的融资决策行为(Leary and Roberts,2014),包括债务的期限结构,进而导致企业的投融资期限错配,即"羊群"效应。因而,管理层行为未受到适当的监督可能致使其盲目追随其他同地区、同行业企业(孙凤娥,2019a)。因此,适当地监督和约束管理层可以降低管理层对同地区、同行业其他企业的盲目效仿,缓解由羊群效应导致的投融资期限错配。资本市场开放引入的境外投资者的交易监督行为及控制权市场竞争的加剧增加了管理层因不合理决策被惩罚的风险。因此,管理层在此情况下会减少对其他同伴企业的盲目效仿,作出更加符合企业投资需要的、风险较低的融资决策,降低企业的投融资期限错配。

综上所述,本章认为,资本市场开放形成的外部治理机制和带来的信息环境改善,为企业融资约束的改善和管理层非理性行为的约束提供了可能,进而降低企业利用短期资金进行长期投资的可能性,即缓解企业的投融资期限错配。基于以上分析,提出本章研究假设H5-1:

假设 H5-1：资本市场开放（即沪深港通交易制度的实施）降低了标的企业的投融资期限错配程度。

5.3 研究设计

5.3.1 样本选择与数据来源

本章选取 2009~2020 年沪深 A 股上市公司作为研究样本，样本始于 2009 年是为了保证沪深港通交易制度实施前后区间的对称性。按照以下标准对初始数据作出处理：（1）剔除成为标的股票后又被调出的公司样本；（2）剔除金融保险类上市公司；（3）剔除 ST、*ST 的上市公司样本；（4）剔除 2014 年之后上市的公司样本；（5）剔除变量数据缺失的样本公司，最终获得 2299 家公司 18759 个公司—年度观测值。本章的产权性质、事务所规模相关数据来源于中国研究数据库服务平台 CNRDS 数据库，其他数据均来源于国泰安 CSMAR 数据库。为了消除极端值的影响，对所有的连续变量进行了上下 1% 的缩尾处理。

5.3.2 主要变量定义

（1）投融资期限错配。

参考钟凯等（2016）、罗宏等（2018）利用资金缺口原理（Frank and Goyal，2003）来衡量企业的投融资期限错配程度，具体计算过程为：$Sfli$ = 购建固定资产等投资活动现金支出 −（长期借款本期增加额 + 本期权益增加额 + 经营活动现金净流量 + 出售固定资产的现金流入），利用上一年度的资产总额剔除企业规模效应。另外，采用该计算方法创建短贷长投的哑变量 Dum_Sfli，当 $Sfli$ 大于 0 时，Dum_Sfli 取 1，否则取 0。

（2）沪深港通标的公司虚拟变量。

参考已有研究，本章定义沪深港通标的公司的虚拟变量 $Hsgt$ 为沪深港通实施后并且为沪深港通标的企业时,取值为 1,否则取值为 0。具体而言,对于处理组股票,当年成为沪深港通标的的股票,$Hsgt$ 在当年及以后取值为 1,其余取值为 0,对于对照组股票,$Hsgt$ 直接取值为 0。

(3) 控制变量。

参考已有研究选择以下变量作为本章的控制变量,主要包括:企业规模 ($Size$)、资产负债率 (Lev)、托宾 Q 值 (TQ)、资产回报率 (Roe)、独立董事占比 (Ndi)、董事长与总经理是否两职合一 ($Dual$)、企业年龄 (Age)、资产周转率 ($Zturn$)、资产流动性 (Liq)、长期资产占比 (PPE)、经营活动现金流量 ($Cash$),同时本章还控制了行业 (κ)、年度 (η) 和公司 (γ) 固定效应。变量的具体定义详见表 5-1。

5.3.3 实证模型设计

本章参考 Bertrand 和 Mullainathan (2003)、连立帅等 (2019b) 采用多时点双重差分法进行检验。为了检验沪深港通交易制度的实施对企业投融资期限错配的影响,建立如下双重差分模型 (5-1):

$$Sfli_{i,t} = \beta_0 + \beta_1 Hsgt_{i,t-1} + \beta_i \sum Controls_{i,t-1} + \gamma_i + \eta_t + \kappa + \varepsilon_{i,t} \quad (5-1)$$

其中,$Sfli$ 为企业的投融资期限错配,$Hsgt$ 为沪深港通标的的公司的虚拟变量,$Controls$ 为控制变量,γ 为公司固定效应,η 为年度固定效应,κ 为行业固定效应。本章主要关注 $Hsgt$ 的回归系数 β_1,如果 $\beta_1 < 0$,说明沪深港通交易制度的实施可以有效缓解标的公司的投融资期限错配。

表 5-1　　　　　　　　　　变量定义及其说明

变量名称	变量符号	变量定义
投融资期限错配	$Sfli$	购建固定资产等投资活动现金支出 -(长期借款本期增加额 + 本期权益增加额 + 经营活动现金净流量 + 出售固定资产的现金流入),利用上一年度的资产总额剔除企业规模效应
沪深港通标的的公司的虚拟变量	$Hsgt$	沪深港通交易制度实施后并为沪深港通标的的公司时取值为 1,否则取值为 0

续表

变量名称	变量符号	变量定义
公司规模	Size	期末总资产的自然对数
资产负债率	Lev	期末总负债/期末总资产
投资机会	TQ	托宾Q值
资产回报率	Roe	净利润/期末净资产
独立董事占比	Ndi	独立董事人数/董事会人数
两职重合	Dual	董事长与总经理两职重合时取值为1，否则取值为0
企业年龄	Age	企业上市年限
资产周转率	Zturn	营业收入/期末总资产
资产流动性	Liq	期末流动资产/期末流动负债
长期资产占比	PPE	购建固定资产、无形资产和其他长期资产所支付的现金与处置上述资产所收回的现金之差与期末总资产之比
经营活动现金流量	Cash	现金流量表"经营活动产生的现金流量净额"，并利用上一年度总资产进行规模效应剔除

5.4 实证结果与分析

5.4.1 描述性统计

表5-2列示了主要变量的描述性统计结果，结果显示：企业投融资期限错配 $Sfli$ 的平均值为 -0.0990，中位数 -0.0745，经过计算大概23.42%的公司样本存在投融资期限错配，与钟凯等（2016）的计算结果基本一致。沪深港通标的公司虚拟变量 $Hsgt$ 的平均值为0.1307，表明沪深港通标的公司样本占全样本的13.07%，与连立帅等（2019b）的计算结果相近。控制变量的结果与其他相关文献保持一致，不再一一赘述。

表 5-2　　　　　　　　主要变量的描述性统计

变量名	N	mean	sd	min	p25	p50	p75	max
Sfli	18759	-0.0990	0.1724	-0.8939	-0.1577	-0.0745	-0.005	0.2706
Hsgt	18759	0.1307	0.3370	0	0	0	0	1
Size	18759	22.2179	1.2897	19.5659	21.3027	22.0525	22.9689	26.0936
Lev	18759	0.4518	0.2088	0.0577	0.2891	0.4497	0.6088	0.9498
TQ	18759	2.3407	1.6054	0.8478	1.3048	1.8283	2.7426	10.1474
Roe	18759	0.0603	0.1341	-0.8294	0.0293	0.068	0.1138	0.3669
Ndi	18759	0.3718	0.0532	0.2727	0.3333	0.3333	0.4000	0.5714
Dual	18759	0.2193	0.4138	0	0	0	0	1
Age	18759	11.3536	6.5334	1	6	11	17	26
Zturn	18759	0.6434	0.4461	0.0733	0.3522	0.5377	0.7931	2.6045
Liq	18759	2.1976	2.2285	0.2455	1.0560	1.5157	2.3751	14.1583
PPE	18759	0.0485	0.0490	-0.0374	0.0138	0.0347	0.0690	0.2407
Cash	18759	0.0516	0.0822	-0.2083	0.0075	0.0497	0.0968	0.3052

5.4.2 实证结果分析

为了检验资本市场开放对企业投融资期限错配的影响，即假设 H5-1，本章利用模型（5-1）进行回归分析，主要关注沪深港通标的公司虚拟变量 Hsgt 的回归系数及其显著性，根据本章的假设 H5-1，预期该回归系数显著为负，回归结果如表 5-3 第（1）列和第（2）列所示，其中第（1）列是以投融资期限错配程度为因变量的回归结果，第（2）列是以是否存在投融资期限错配的虚拟变量为因变量的回归结果。第（1）列和第（2）列列示了控制所有控制变量的回归结果。结果显示，沪深港通标的公司虚拟变量 Hsgt 的回归系数分别为 -0.0149 和 -0.4164，且均在 1% 的水平上显著为负，表明沪深港通交易制度实施后，相对于非标的企业，沪深港通标的企业的投融资期限错配程度和成为投融资期限错配企业的概率显著降低，即沪深港通交易制度的实施可以降低标的企业的投融资期限错配，从而验证了本章的假设 H5-1。

控制变量方面，企业规模（Size）越大，企业的投融资期限错配程度越高，这与已有发现不一致，可能是因为企业能够应对短期信贷带来的流动性风险，为了证明自己是高质量的企业会选择成本较低的短期信贷用于长期投资。企业资产周转率（Zturn）越大，企业的投融资期限错配程度越低，说明企业资产转化收入的能力越强，企业的内源资金储备越充足，可用于长期投资，降低企业利用短期信贷进行长期投资的可能。企业的长期资产占比（PPE）越大，企业的投融资期限错配程度越高，可能是企业难于获取长期投资所需的长期资金，只能使用替代性的短期借款进行长期投资。其余的控制变量中，回归系数的正负号与现有文献保持一致（范文林和胡明生，2020；张新民和叶志伟，2021），不再一一赘述。

表 5-3　　　　　资本市场开放与企业投融资期限错配

变量	(1) $Sfli$	(2) D_Sfli
$Hsgt$	-0.0149*** (-2.7159)	-0.4164*** (-4.1545)
$Size$	0.0537*** (10.6187)	0.2868*** (4.8368)
Lev	-0.2402*** (-11.3125)	-2.1104*** (-8.7505)
TQ	-0.0306*** (-13.7745)	-0.1794*** (-7.1771)
Roe	-0.1008*** (-6.9208)	-0.6672*** (-4.1215)
Ndi	-0.0915** (-2.3888)	-0.9577 (-1.6099)
$Dual$	-0.0022 (-0.4358)	0.0233 (0.3213)
Age	-0.0151 (-1.5128)	-0.3280 (-1.3190)

续表

变量	(1) $Sfli$	(2) D_Sfli
$Zturn$	-0.0508***	-0.4204***
	(-5.7203)	(-3.8415)
Liq	0.0058***	0.0400**
	(4.3211)	(2.5166)
PPE	0.0698*	3.2716***
	(1.7724)	(6.2775)
$Cash$	-0.0714***	-0.7791***
	(-3.2410)	(-2.6427)
$Constant$	-0.9510***	
	(-7.1041)	
$Industry$	Yes	Yes
$Year$	Yes	Yes
$Firm$	Yes	Yes
N	18759	14505
$R^2/P-R^2$	0.1252	0.0588

注：（ ）内为经过稳健标准误调整后的 T 值，*、**、*** 分别表示在 10%、5% 和 1% 的水平上显著，下同。

5.4.3 稳健性测试

为了保证结果的稳健性，本章分别采用变更主要变量的衡量、剔除特殊样本、安慰剂测试、倾向得分匹配（PSM）等方法对主假设进行稳健性测试。

（1）变更投融资期限错配的衡量方法。

在主回归中，本章使用资金缺口原理计算企业的投融资期限错配，为了缓解衡量方式不同导致的结果差异，参考李四海和江新峰（2021）利用企业资本结构和资产结构对称性的变化值代表企业投融资期限匹配。具体地，

$\Delta SYM_{i,t} = SYM_{i,t} - SYM_{i,t-1}$,其中 $SYM_{i,t}$ 用非流动资产/(非流动负债+所有者权益),该值越大,投融资期限错配程度越高。然后采用模型(5-1)进行检验,回归结果如表5-4第(1)列所示。结果显示,沪深港通标的公司虚拟变量 $Hsgt$ 的回归系数为 -0.0091,且在5%的水平上显著为负,与本章前述结果基本一致。说明沪深港通交易制度的实施可以降低企业的投融资期限错配,缓解其面临的流动性风险,说明本章的实证结果是稳健的。

(2)控制货币政策的影响。

研究发现,货币政策会通过资金供给影响企业投资资金的融资安排,进而对企业的投融资期限错配产生影响(钟凯等,2016)。为了排除货币政策可能对本章研究结果产生的影响,利用 MP 指数代表货币政策加入模型(5-1)进行回归分析,回归结果列示于表5-4第(2)列。结果显示,沪深港通标的公司虚拟变量 $Hsgt$ 的回归系数为 -0.0141,且在5%的水平上显著为负,证明了本章实证结果的稳健性。

表5-4　稳健性测试:替换变量衡量方式和增加控制变量

变量	(1) 替换投融资期限错配 ΔSYM	(2) 增加控制变量 MP $Sfli$
$Hsgt$	-0.0091** (-1.9655)	-0.0141** (-2.5758)
$Size$	0.0336*** (6.5847)	0.0509*** (9.9932)
Lev	-0.2138*** (-8.7774)	-0.2371*** (-10.9468)
TQ	-0.0016 (-0.8804)	-0.0306*** (-13.6811)
Roe	0.0360 (1.3137)	-0.1033*** (-7.0549)
Ndi	-0.0510 (-1.1675)	-0.0978** (-2.5472)

续表

变量	(1) 替换投融资期限错配 ΔSYM	(2) 增加控制变量 MP Sfli
$Dual$	-0.0028 (-0.5323)	-0.0023 (-0.4529)
Age	0.0052 (0.3727)	-0.0168* (-1.7342)
$Zturn$	0.0037 (0.3496)	-0.0487*** (-5.4710)
Liq	0.0153*** (12.1731)	0.0059*** (4.3473)
PPE	0.2177*** (5.4654)	0.0669* (1.6806)
$Cash$	-0.0943*** (-3.9203)	-0.0762*** (-3.4520)
MP		3.6103 (1.4787)
$Constant$	-0.7090*** (-5.1514)	-0.6746*** (-2.8288)
$Industry$	Yes	Yes
$Year$	Yes	Yes
$Firm$	Yes	Yes
N	18759	18759
R^2	0.0608	0.1212

(3) 剔除沪深港通开通当年的样本。

为了缓解沪深港通交易制度实施当年，标的企业投融资期限错配即受该制度影响的可能性，本章剔除了沪深港通实施第一年标的股票样本即2014年沪股通标的和2016年的深股通标的的企业样本后进行模型（5-1）的回归分析，回归结果见表 5-5 第（1）列。结果显示，沪深港通标的公司虚拟变量 $Hsgt$ 的回归系数为 -0.0173，且在 1% 的水平上显著为负，与本章前述结果基本一致。说明沪深港通的开通可以降低企业的投融资期限错配，缓解其面临的流动性风险，说明本章的实证结果是稳健的。

（4）剔除 A+H 股样本。

首批进入沪深港通标的名单的股票包含 A+H 股，即同时在香港联合交易所和境内交易所上市的公司。可能存在沪深港通交易制度启动之前，该类公司已经受到了境外投资者和中介机构的影响，使企业的融资约束较低和管理层行为较为理性，导致投融资期限错配程度较低，而非沪深港通交易制度实施导致的结果。为了排除该可能性，本章将样本中同时发行 A 股和 H 股的样本公司剔除后进行回归，回归结果如表 5-5 第（2）列所示。结果显示沪深港通交易制度实施的虚拟变量 $Hsgt$ 回归系数为 -0.0169，并且在 1% 的水平上显著为负，与本章前述结果基本一致，说明本章的实证结果是稳健的。

表 5-5　　　　　　稳健性测试：剔除特殊样本

变量	(1) 剔除开通当年样本 $Sfli$	(2) 剔除 A+H 股样本 $Sfli$
$Hsgt$	-0.0173*** (-2.9537)	-0.0169*** (-2.8912)
$Size$	0.0518*** (10.2762)	0.0547*** (10.5475)
Lev	-0.2321*** (-10.8834)	-0.2442*** (-11.2979)
TQ	-0.0310*** (-13.5326)	-0.0305*** (-13.5441)
Roe	-0.0987*** (-6.8599)	-0.1027*** (-6.9416)
Ndi	-0.0925** (-2.3884)	-0.1001** (-2.4916)

续表

变量	(1) 剔除开通当年样本 Sfli	(2) 剔除A+H股样本 Sfli
Dual	-0.0015 (-0.2905)	-0.0021 (-0.4078)
Age	-0.0146 (-1.4561)	-0.0116 (-1.1209)
Zturn	-0.0516*** (-5.7807)	-0.0505*** (-5.5769)
Liq	0.0058*** (4.2600)	0.0057*** (4.2262)
PPE	0.0769* (1.9488)	0.0701* (1.7503)
Cash	-0.0749*** (-3.3937)	-0.0691*** (-3.0993)
Constant	-0.9151*** (-6.8300)	-0.9829*** (-7.2432)
Industry	Yes	Yes
Year	Yes	Yes
Firm	Yes	Yes
N	18284	18128
R^2	0.1223	0.1263

(5) 安慰剂测试。

考虑到本章的回归结果可能受到不可观测因素的影响，本章通过随机设定处理组样本进行安慰剂测试。由于"伪"处理组公司是随机生成的，那么资本市场开放对企业投融资期限错配应该是无显著影响的，否则说明本章的模型设定是存在偏差的。具体地，本章进行了 1000 次随机抽样，并在模型 (5-1) 的基础上进行回归分析，从而得到沪深港通交易制度实施虚拟变量 $Hsgt$ 的错误回归系数和 p 值，并绘制其核密度图 5-1。从图 5-1 中可以看出，一是 $Hsgt$

的估计系数均值接近于 0；二是真实的 $Hsgt$ 的估计系数如表 5-3 第（1）列所示，在该安慰剂测试中是明显的异常值；三是大部分估计系数的 p 值在 0.1 以上。这些结果表明，本章的估计结果不太可能是由于模型外其他不可观测的随机因素所致，证明了本章实证结果的稳健性。

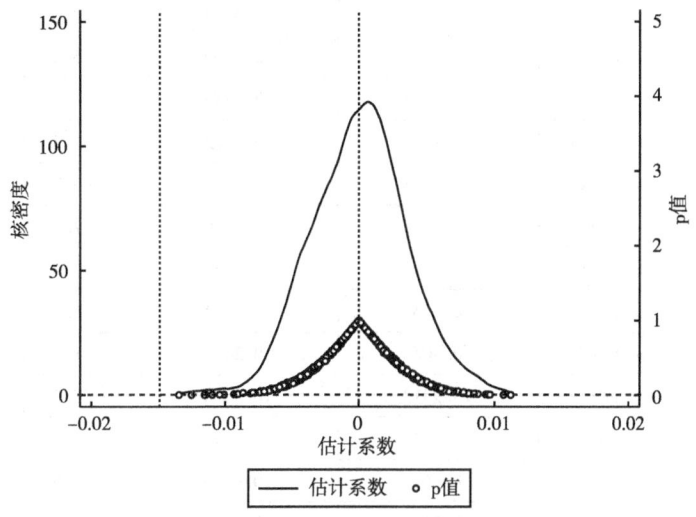

图 5-1　稳健性测试：安慰剂测试结果

（6）倾向得分匹配法（PSM）。

本章主回归中使用全样本进行回归，但如果符合一定条件的公司才能进入资本市场开放的标的名单，那么可能存在标的公司和非标的公司固有特征的差异使回归结果存在偏差。为了缓解样本选择性偏差导致的内生性问题，本章采用与第 4 章相同的倾向得分匹配法（PSM）进行处理。表 5-6、表 5-7 和表 5-8 分别列示了不同匹配方法下匹配前后样本的平衡性检验结果。结果显示，在匹配前，沪深港通标的企业与非沪深港通标的企业的相关指标之间存在较大差异。经过匹配后，各个指标之间并不存在显著差异，说明匹配结果较好。然后，利用 PSM 后的样本进行模型（5-1）的回归分析，表 5-9 报告了主要的回归结果，结果显示，沪深港通标的公司虚拟变量 $Hsgt$ 的回归系数分别为 -0.0156、-0.0160 和 -0.0140，且分别在 10%、5% 和 10% 的水平上显著为负，证明了本章实证结果的稳健性。

表 5-6　PSM 平衡性测试结果：卡尺内 k 邻近匹配 (0.001 卡尺)

变量	样本	Mean（Hsgt=1）	Mean（Hsgt=0）	%bias	t-test
Size	Unmatched	23.4550	21.9691	125.3	65.28***
	matched	23.1814	23.1609	1.7	0.63
Lev	Unmatched	0.4678	0.4485	9.6	4.73***
	matched	0.4595	0.4579	0.8	0.3
TQ	Unmatched	2.2649	2.3560	-5.6	-2.9***
	matched	2.2955	2.3285	-2	-0.66
Roe	Unmatched	0.1009	0.0522	41.3	18.75***
	matched	0.0953	0.0962	-0.7	-0.32
Ndi	Unmatched	0.3753	0.3710	7.9	4.14***
	matched	0.3740	0.3725	2.7	0.96
Dual	Unmatched	0.2136	0.2204	-1.7	-0.85
	matched	0.2083	0.2012	1.7	0.63
Age	Unmatched	13.9313	10.8350	48.2	24.63***
	matched	13.3244	13.5728	-3.9	-1.39
Zturn	Unmatched	0.6688	0.6383	6.8	3.5***
	matched	0.6617	0.6743	-2.8	-0.95
Liq	Unmatched	1.8683	2.2638	-19.9	-9.1***
	matched	1.9270	1.9021	1.2	0.56
PPE	Unmatched	0.0467	0.0489	-4.8	-2.31**
	matched	0.0468	0.0484	-3.5	-1.3
Cash	Unmatched	0.0760	0.0467	36.6	18.35***
	matched	0.0714	0.0719	-0.6	-0.2

表 5-7　PSM 平衡性测试结果：卡尺内 k 邻近匹配 (0.002 卡尺)

变量	样本	Mean（Hsgt=1）	Mean（Hsgt=0）	%bias	t-test
Size	Unmatched	23.4550	21.9691	125.3	65.28***
	matched	23.2061	23.1966	0.8	0.3
Lev	Unmatched	0.4678	0.4485	9.6	4.73***
	matched	0.4597	0.4593	0.2	0.07
TQ	Unmatched	2.2649	2.3560	-5.6	-2.9***
	matched	2.3037	2.3274	-1.4	-0.48

续表

变量	样本	Mean (Hsgt=1)	Mean (Hsgt=0)	%bias	t-test
Roe	Unmatched	0.1009	0.0522	41.3	18.75***
	matched	0.0965	0.0972	-0.6	-0.26
Ndi	Unmatched	0.3753	0.3710	7.9	4.14***
	matched	0.3741	0.3727	2.5	0.89
Dual	Unmatched	0.2136	0.2204	-1.7	-0.85
	matched	0.2135	0.1995	3.4	1.26
Age	Unmatched	13.9313	10.8350	48.2	24.63***
	matched	13.4118	13.5943	-2.8	-1.04
Zturn	Unmatched	0.6688	0.6383	6.8	3.5***
	matched	0.6650	0.6731	-1.8	-0.63
Liq	Unmatched	1.8683	2.2638	-19.9	-9.1***
	matched	1.9252	1.8977	1.4	0.63
PPE	Unmatched	0.0467	0.0489	-4.8	-2.31**
	matched	0.0471	0.0487	-3.5	-1.32
Cash	Unmatched	0.0760	0.0467	36.6	18.35***
	matched	0.0714	0.0729	-1.9	-0.67

表5-8　PSM平衡性测试结果：卡尺内k邻近匹配（0.003卡尺）

变量	样本	Mean (Hsgt=1)	Mean (Hsgt=0)	%bias	t-test
Size	Unmatched	23.4550	21.9691	125.3	65.28***
	matched	23.2224	23.2098	1.1	0.39
Lev	Unmatched	0.4678	0.4485	9.6	4.73***
	matched	0.4607	0.4603	0.2	0.06
TQ	Unmatched	2.2649	2.3560	-5.6	-2.9***
	matched	2.2840	2.3250	-2.5	-0.84
Roe	Unmatched	0.1009	0.0522	41.3	18.75***
	matched	0.0961	0.0976	-1.3	-0.58
Ndi	Unmatched	0.3753	0.3710	7.9	4.14***
	matched	0.3741	0.3726	2.7	0.98

续表

变量	样本	Mean（Hsgt=1）	Mean（Hsgt=0）	%bias	t-test
$Dual$	Unmatched	0.2136	0.2204	-1.7	-0.85
	matched	0.2118	0.1987	3.2	1.19
Age	Unmatched	13.9313	10.8350	48.2	24.63***
	matched	13.4085	13.5948	-2.9	-1.07
$Zturn$	Unmatched	0.6688	0.6383	6.8	3.5***
	matched	0.6649	0.6741	-2	-0.71
Liq	Unmatched	1.8683	2.2638	-19.9	-9.1***
	matched	1.9154	1.8963	1	0.44
PPE	Unmatched	0.0467	0.0489	-4.8	-2.31**
	matched	0.0470	0.0487	-3.6	-1.38
$Cash$	Unmatched	0.0760	0.0467	36.6	18.35***
	matched	0.0722	0.0730	-1	-0.36

表5-9　稳健性测试：使用倾向得分匹配法（PSM）后的回归结果

变量	(1) 0.001卡尺内 k 邻近匹配 $Sfli$	(2) 0.002卡尺内 k 邻近匹配 $Sfli$	(3) 0.003卡尺内 k 邻近匹配 $Sfli$
$Hsgt$	-0.0156* (-1.8417)	-0.0160** (-1.9782)	-0.0140* (-1.7428)
$Size$	0.1265*** (13.8411)	0.1260*** (14.2540)	0.1267*** (14.7134)
Lev	-0.4203*** (-11.7176)	-0.4292*** (-12.3874)	-0.4224*** (-12.2772)
TQ	-0.0313*** (-11.4920)	-0.0306*** (-11.6678)	-0.0301*** (-11.5303)
Roe	-0.1700*** (-5.4756)	-0.1661*** (-5.4951)	-0.1708*** (-5.6645)
Ndi	-0.1528** (-2.2820)	-0.0870 (-1.3434)	-0.1239* (-1.9352)
$Dual$	0.0014 (0.1561)	-0.0015 (-0.1803)	0.0053 (0.6154)

续表

变量	(1) 0.001 卡尺内 k 邻近匹配 $Sfli$	(2) 0.002 卡尺内 k 邻近匹配 $Sfli$	(3) 0.003 卡尺内 k 邻近匹配 $Sfli$
Age	-0.0153 (-0.5843)	-0.0104 (-0.4099)	-0.0157 (-0.5985)
$Zturn$	-0.0411*** (-3.1719)	-0.0453*** (-3.6020)	-0.0404*** (-3.2498)
Liq	0.0053* (1.7100)	0.0069** (2.3713)	0.0065** (2.1677)
PPE	0.1550** (2.1211)	0.1336* (1.9042)	0.0859 (1.2288)
$Cash$	-0.0203 (-0.5492)	-0.0201 (-0.5668)	-0.0098 (-0.2771)
$Constant$	-2.6125*** (-8.9886)	-2.6448*** (-9.3467)	-2.6001*** (-9.1702)
$Industry$	Yes	Yes	Yes
$Year$	Yes	Yes	Yes
$Firm$	Yes	Yes	Yes
N	5080	5284	5346
R^2	0.1937	0.1981	0.1916

5.5 进一步分析

5.5.1 机制检验

前文证实，资本市场开放显著降低了标的企业的投融资期限错配，并且理论分析提及资本市场开放影响企业投融资期限错配的路径包括：第一，缓解融资约束，即资本市场开放形成的外部治理机制和良好的信息环境缓解了企业的融资约束,进而降低企业利用替代性融资方式进行长期投资的可能性;第二,抑制管理层非理性行为,通过外资交易者信息获取和市场交易行为对标的企业的管理者形成更加有效的监督,从而约束管理层的非理性行为,降低企业的投融资期限错配。接下来,本章将从缓解融资约束和抑制管理层非理性行为两条路径进行检验。

(1) 融资约束路径。

如果缓解融资约束是资本市场开放与投融资期限错配的中间机制,那么资本市场开放对投融资期限错配的影响在融资约束程度较高的公司中更大。首先,参考 Kaplan 和 Zingales (1997)、魏志华等 (2014) 的研究,利用 KZ 指数代表企业的融资约束,KZ 指数越大①,意味着上市公司面临的融资约束越大。然后根据 KZ 指数的年度中位数将样本分为 KZ 指数高、低两组,分别进行模型 (5-1) 的回归分析,回归结果列示于表 5-10 第 (1) 列和第 (2) 列。其次,参考于丽峰等 (2014) 的研究,利用企业规模代表企业的融资约束,企业规模越小,企业面临的融资约束越严重。然后按照企业规模的年度中位数将样本分为规模较大、小两组,分别进行模型 (5-1) 的回归分析,回归结果列示于表 5-10 第 (3) 列和第 (4) 列。结果显示,在 KZ 指数较高和规模较小的企业中 (融资约束较高组),沪深港通标的公司虚拟变量 $Hsgt$ 的回归系数分别为 -0.0180 和 -0.0373,均在 1% 的水平上显著为负,而在 KZ 指数较低和规模较大的企业中 (融资约束较低组),该回归系数却不显著。表明资本市场开放对企业投融资期限错配的缓解效应主要存在于融资约束较高组,这证实了本章理论分析中的融资约束路径假说。

---

① KZ 指数计算步骤为:(1) 剔除金融行业和样本缺失的公司样本,并将相关变量进行 1% 的双侧缩尾处理;(2) 对全部样本按照各个年度、各个行业的经营性净现金流/上期总资产($CASH_{it}/A_{it-1}$)、现金股利/上期总资产 (DIV_{it}/A_{it-1})、货币资金/上期总资产 (CF_{it}/A_{it-1})、资产负债率 (LEV_{it}) 和托宾 Q 值 (TQ_{it}) 的中位数进行分类。如果 $CASH_{it}/A_{it-1}$ 低于中位数则 $kz1$ 取 1,否则取 0;如果 DIV_{it}/A_{it-1} 低于中位数则 $kz2$ 取 1,否则取 0;如果 CF_{it}/A_{it-1} 低于中位数则 $kz3$ 取 1,否则取 0;如果 LEV_{it} 高于中位数则 $kz4$ 取 1,否则取 0;如果 TQ_{it} 高于中位数则 $kz5$ 取 1,否则取 0;(3) 计算 KZ 指数,令 $KZ = kz1 + kz2 + kz3 + kz4 + kz5$;(4) 采用排序逻辑回归 (Ordered Logistic Regression),将 KZ 指数作为因变量对 $CASH_{it}/A_{it-1}$、DIV_{it}/A_{it-1}、CF_{it}/A_{it-1}、LEV_{it} 和 TQ_{it} 进行回归,估计出各变量的回归系数;(5) 运用上述回归模型的估计结果,计算出每一家上市公司融资约束程度的 KZ 指数。

表 5-10　　　　　　　　　机制检验：融资约束路径

变量	(1) KZ指数较大 Sfli	(2) KZ指数较小 Sfli	(3) 企业规模较小 Sfli	(4) 企业规模较大 Sfli
Hsgt	-0.0180*** (-2.6566)	-0.0087 (-1.1018)	-0.0373*** (-2.6481)	-0.0030 (-0.4565)
Size	0.0292*** (5.6741)	0.1096*** (11.4984)	0.1238*** (12.6284)	0.0942*** (10.7509)
Lev	-0.2671*** (-9.4786)	-0.4701*** (-14.0443)	-0.2671*** (-8.2251)	-0.2804*** (-8.6410)
TQ	-0.0158*** (-5.4496)	-0.0442*** (-14.5389)	-0.0213*** (-7.3710)	-0.0450*** (-9.9887)
Roe	-0.0323** (-2.2763)	-0.1815*** (-4.6663)	-0.0614*** (-3.1390)	-0.1041*** (-4.5614)
Ndi	-0.0630 (-1.3806)	-0.0952 (-1.5724)	-0.0268 (-0.4293)	-0.1062** (-2.3097)
Dual	-0.0045 (-0.6599)	0.0011 (0.1584)	-0.0010 (-0.1337)	0.0053 (0.7086)
Age	-0.0249 (-1.4701)	-0.0155 (-0.9771)	-0.0162 (-0.8432)	-0.0199 (-1.0093)
Zturn	-0.0197* (-1.9516)	-0.0577*** (-4.2825)	-0.0591*** (-3.9680)	-0.0407*** (-3.4723)
Liq	0.0047 (1.3977)	0.0072*** (4.3411)	0.0060*** (3.7622)	0.0091** (2.4971)
PPE	0.0027 (0.0566)	0.0351 (0.6241)	0.0700 (1.2320)	0.0790 (1.4143)
Cash	0.0129 (0.5692)	-0.0331 (-0.9039)	-0.0502 (-1.4140)	-0.0438 (-1.5719)
Constant	-0.2923* (-1.9177)	-2.0972*** (-9.6165)	-2.4040*** (-10.5512)	-1.9027*** (-7.4500)
Industry	Yes	Yes	Yes	Yes

续表

变量	(1)	(2)	(3)	(4)
	KZ 指数较大	KZ 指数较小	企业规模较小	企业规模较大
	Sfli	Sfli	Sfli	Sfli
Year	Yes	Yes	Yes	Yes
Firm	Yes	Yes	Yes	Yes
N	9377	9382	9382	9377
R^2	0.0963	0.2461	0.1472	0.1776

（2）管理层非理性行为路径。

前文已经证实，资本市场开放可以通过降低融资约束缓解企业的投融资期限错配，那么资本市场开放引入的境外投资者或中介机构形成的监督机制能否约束管理层的非理性行为，降低企业的投融资期限错配，是我们接下来要讨论的。

首先，从管理层过度自信视角出发，如果约束管理层的过度自信是资本市场开放与投融资期限错配的中间机制，那么资本市场开放对投融资期限错配的影响在管理层更加过度自信的公司中更大。参考梁上坤（2015）的研究，利用公司层面整个管理层与员工的相对薪酬（管理层人员平均薪酬与普通员工平均薪酬的比值）表示管理层过度自信程度，该比例越高，说明管理者越过度自信。然后根据管理层与员工相对薪酬的年度中位数将样本分为薪酬比例高、低两组，分别进行模型（5-1）的回归分析，回归结果列示于表5-11第（1）列和第（2）列。同时参考倪骁然和朱玉杰（2017）利用管理层持股比例代表管理层的过度自信，该比例越高，过度自信程度越强。然后根据管理层持股比例的年度中位数将样本分为管理层持股比例高、低两组，分别进行模型（5-1）的回归分析，回归结果列示于表5-11第（3）列和第（4）列。结果显示，在管理层与员工薪酬比例较高和管理层持股比例较高的企业中（过度自信组），沪深港通标的公司虚拟变量 $Hsgt$ 的回归系数分别为-0.0283和-0.0532，均在1%的水平上显著为负，而在管理层与员工薪酬比例较低和管理层持股比例较低的企业中（非过度自信组），该回归系数却不显著，表明资本市场开放对企业投融资期限错配的缓解效应主要存在于管理层过度自信组,这证实了本章理论分析中的管理层过度自信路径假说。

表 5-11　　　　机制检验:管理层过度自信路径

变量	(1) 薪酬比例较高 Sfli	(2) 薪酬比例较低 Sfli	(3) 管理层持股比例较高 Sfli	(4) 管理层持股比例较低 Sfli
Hsgt	-0.0283*** (-3.7972)	-0.0096 (-1.0248)	-0.0532*** (-5.5145)	-0.0059 (-0.9000)
Size	0.0901*** (11.5228)	0.0571*** (7.3590)	0.1244*** (12.6358)	0.0346*** (5.3748)
Lev	-0.3635*** (-11.4230)	-0.2152*** (-7.0709)	-0.4002*** (-11.2161)	-0.2033*** (-7.2722)
TQ	-0.0344*** (-10.5811)	-0.0252*** (-7.8116)	-0.0323*** (-10.4987)	-0.0238*** (-7.2122)
Roe	-0.1481*** (-5.1268)	-0.0538*** (-2.9592)	-0.1577*** (-6.3204)	-0.0577*** (-3.2367)
Ndi	-0.1495** (-2.5493)	-0.0610 (-1.1720)	-0.1713** (-2.5010)	0.0145 (0.3279)
Dual	-0.0112 (-1.6305)	0.0135* (1.7293)	0.0016 (0.2204)	-0.0032 (-0.4310)
Age	-0.0086 (-0.3720)	-0.0094 (-0.8027)	-0.0485 (-1.5883)	-0.0201* (-1.8228)
Zturn	-0.0477*** (-4.0142)	-0.0596*** (-4.3469)	-0.0763*** (-4.5343)	-0.0304*** (-2.7566)
Liq	0.0045* (1.9389)	0.0062*** (3.3693)	0.0044** (2.5256)	0.0068*** (3.0059)
PPE	0.0638 (1.1902)	0.0555 (0.8894)	0.0105 (0.1635)	0.1107** (2.1617)
Cash	-0.0410 (-1.3998)	-0.0444 (-1.3560)	0.0045 (0.1307)	-0.0839*** (-2.9025)

续表

变量	（1）薪酬比例较高 Sfli	（2）薪酬比例较低 Sfli	（3）管理层持股比例较高 Sfli	（4）管理层持股比例较低 Sfli
Constant	-1.7284*** (-8.1284)	-1.1069*** (-5.8332)	-2.3344*** (-10.9425)	-0.5509*** (-3.1218)
Industry	Yes	Yes	Yes	Yes
Year	Yes	Yes	Yes	Yes
Firm	Yes	Yes	Yes	Yes
N	9377	9382	8819	9940
R^2	0.1610	0.1112	0.1938	0.0842

其次，从管理层羊群效应视角出发，如果约束管理层的羊群跟随是资本市场开放与投融资期限错配的中间机制，那么资本市场开放对投融资期限错配的影响在管理层羊群效应较大的公司中更大。参考张军等（2021）的研究并结合本章的研究内容，采用变系数模型（5-2）来衡量管理层非理性短期借款的羊群行为，利用 β_{jkt} 的估计值表示。其中 Fd 为公司非理性短期贷款，参考张金昌等（2016）的研究，使用现金支付能力来判断企业是否存在非理性短期贷款，其中"现金支付能力=货币资金+交易性金融资产-短期借款-交易性金融负债"，该定义表明公司利用货币性资产偿还货币性负债的能力，如果现金支付能力大于 0，表明公司的流动性较强，客观上不需要短期借款，如果公司进行短期借款则称为非理性短期借款；反而，如果现金支付能力小于 0，表明公司的流动性不足，此时增加的短期借款属于理性短期借款的范畴。AHerd 为上一年度同地区、同行业所有公司平均非理性短期借款，Soe 为产权性质，MP 为货币政策，其他变量定义同模型（5-1）。然后根据 β_{jkt} 的估计值是否大于 0 将样本分为羊群效应高、低两组，分别进行模型（5-1）的回归分析，回归结果列示于表 5-12 第（1）列和第（2）列。结果显示，在非理性短期借款羊群效应较高的企业中，沪深港通标的公司虚拟变量 Hsgt 的回归系数为 -0.0366，并且在 1% 的水平上显著为负，而在非理性短期借款羊群效应较低的企业中，该回归系数却不显著，表明资本市场开放对企业投融资期限错配的缓解效应主要存在于羊群效应较高组，这证实了本章理论分析中

的管理层羊群效应路径假说。

$$Fd_{ijk,t} = \beta_0 + \beta_{jkt} AHerd_{ijk,t-1} + \beta_1 Cash_{ijk,t-1} + \beta_2 Size_{ijk,t-1} + \beta_3 Lev_{ijk,t-1} + \beta_4 Roe_{ijk,t-1}$$
$$+ \beta_5 Ndi_{ijk,t-1} + \beta_6 Dual_{ijk,t-1} + \beta_7 Zturn_{ijk,t-1} + \beta_8 Liq_{ijk,-1} + \beta_9 Soe_{ijk,t-1}$$
$$+ \beta_{10} MP_{ijk,t-1} + \varepsilon_{ijk,t} \tag{5-2}$$

最后,考虑到不同企业的短期借款决策可能会受共同因素的影响,为了排除该可能性对羊群效应衡量产生的影响,本章借鉴过度负债的计算思想利用以下回归模型(5-3)分年度分行业进行回归并计算残差,用其代表企业的非理性短期贷款。然后利用非理性短期借款与上一年度同地区、同行业所有公司平均非理性短期借款的绝对离差代表管理层的羊群效应,该指标越大,说明上市公司出现非理性短期贷款羊群行为的可能性越弱,反之越强。其中 $SDebt$ 定义为(期末短期借款 - 期初短期借款)/期初总资产,Soe 为产权性质,MP 为货币政策,其他变量定义同模型(5-1)。然后根据绝对离差年度中位数的大小将样本分为绝对离差大、小两组,分别进行模型(5-1)的回归分析,回归结果列示于表5-12第(3)列和第(4)列。结果显示,在非理性短期借款羊群效应较高的企业中,沪深港通标的公司虚拟变量 $Hsgt$ 的回归系数为 -0.0167,并且在5%的水平上显著为负,而在非理性短期借款羊群效应较低的企业中,该回归系数却不显著,表明资本市场开放对企业投融资期限错配的缓解效应主要存在于羊群效应较高组,这证实了本章理论分析中的管理层羊群效应路径假说。

$$SDebt_{i,t} = \beta_0 + \beta_1 Cash_{i,t-1} + \beta_2 Size_{i,t-1} + \beta_3 Lev_{i,t-1} + \beta_4 Roe_{i,t-1} + \beta_5 Ndi_{i,t-1}$$
$$+ \beta_6 Dual_{i,t-1} + \beta_7 Zturn_{i,t-1} + \beta_8 Liq_{i,-1} + \beta_9 Soe_{i,t-1} + \beta_{10} MP_{i,t-1}$$
$$+ \varepsilon_{i,t} \tag{5-3}$$

表 5-12　　　　　机制检验:管理层羊群效应路径

变量	(1) 羊群效应较高	(2) 羊群效应较低	(3) 绝对离差较小	(4) 绝对离差较大
	$Sfli$	$Sfli$	$Sfli$	$Sfli$
$Hsgt$	-0.0366*** (-3.4752)	-0.0105 (-1.5753)	-0.0167** (-2.3086)	-0.0130 (-1.6305)
$Size$	0.0677*** (7.1790)	0.0516*** (8.2625)	0.0528*** (7.5795)	0.0564*** (7.7657)

续表

变量	(1) 羊群效应较高 Sfli	(2) 羊群效应较低 Sfli	(3) 绝对离差较小 Sfli	(4) 绝对离差较大 Sfli
Lev	-0.2494*** (-6.1414)	-0.2409*** (-9.3568)	-0.2765*** (-8.9906)	-0.2049*** (-6.5006)
TQ	-0.0345*** (-8.0407)	-0.0284*** (-10.4836)	-0.0317*** (-10.8482)	-0.0313*** (-8.7350)
Roe	-0.0846*** (-2.8352)	-0.1037*** (-5.4679)	-0.0951*** (-4.4369)	-0.0908*** (-4.1914)
Ndi	-0.1614** (-2.5381)	-0.0532 (-1.0953)	-0.0306 (-0.5770)	-0.1343** (-2.2911)
Dual	-0.0032 (-0.3587)	-0.0009 (-0.1361)	-0.0010 (-0.1365)	-0.0090 (-1.1170)
Age	-0.0112 (-0.5884)	-0.0139 (-0.9335)	-0.0197 (-1.3024)	-0.0014 (-0.0812)
Zturn	-0.0706*** (-3.9702)	-0.0469*** (-4.1515)	-0.0672*** (-5.5481)	-0.0555*** (-4.2844)
Liq	0.0072*** (2.8543)	0.0063*** (3.7816)	0.0059*** (3.1657)	0.0042** (2.0582)
PPE	0.0320 (0.4575)	0.0769 (1.4982)	-0.0676 (-1.1190)	0.1264** (2.1947)
Cash	-0.0259 (-0.6621)	-0.0760** (-2.5692)	-0.1220*** (-4.0778)	-0.0522 (-1.5331)
Constant	-1.3134*** (-5.4962)	-0.9118*** (-5.5935)	-0.8767*** (-4.5801)	-1.1757*** (-6.0156)
Industry	Yes	Yes	Yes	Yes
Year	Yes	Yes	Yes	Yes
Firm	Yes	Yes	Yes	Yes
N	6516	12243	9702	9057
R^2	0.1563	0.1157	0.1531	0.1196

以上结果说明资本市场可以通过降低企业的融资约束和管理层的非理性短期借款行为，从而降低企业的投融资期限错配，支持了融资约束和管理层非理性行为假说。

5.5.2 横截面测试

上述理论分析和回归结果均证实了资本市场开放能够通过优化信息环境和强化监督机制，缓解企业融资约束和约束管理层的非理性行为，从而降低企业的投融资期限错配。证实了资本市场开放作为市场化的外部治理机制，可以对企业的投融资期限错配风险起到较好的治理作用。但是，资本市场开放对企业投融资期限错配的治理效应可能受其他治理因素的影响。为此，本章进一步考察在不同的治理环境下，资本市场开放对企业投融资期限错配产生的作用差异。

(1) 合格的境外机构投资者持股的影响。

已有文献对合格的境外机构投资者是否具有治理效应进行了研究，发现一是境外机构投资者不仅能够通过"用手投票"的方式对管理层进行监督，降低代理成本，也可以通过"用脚投票"的方式对管理层形成威慑（Aggarwal et al.，2011），约束管理层损害企业业绩的行为；二是境外机构投资不仅可以通过"用脚投票"方式对管理层的自利行为产生威慑，促使管理层提升企业的会计信息披露质量（李春涛等，2018），还能通过选股向市场释放一种价值信号（李蕾和韩立岩，2014），使更多的资本市场中介对企业进行跟踪，从而降低企业的信息不对称程度。这些研究表明，QFII 持股不仅有助于降低企业的融资约束（邢洋和戚元元，2019），还能约束管理层的非理性投融资行为（Ferreira and Matos，2008），从而缓解企业的投融资期限错配。如果资本市场开放是通过降低融资约束和限制管理层非理性行为的方式缓解企业的投融资期限错配，那么，资本市场开放对企业投融资期限错配的治理效应应该在境外机构投资者无法对融资约束进行缓解和管理层非理性行为实施有效监督的企业中表现得更加突出。

为了对此进行验证，首先，根据企业是否有 QFII 持股将样本划分为有、无 QFII 持股两组；其次，分别进行模型（5-1）的回归分析，回归结果列示于表 5-13 第（1）列和第（2）列。结果显示，在无 QFII 持股的公司样本中，沪深港通标的公司的虚拟变量 $Hsgt$ 的回归系数为 -0.0237，在 1% 的水平上显著为负，但在有 QFII 持股的公司样本中却不显著，说明沪深港通交易制度的实施对企业投融资期限错配的影响在无合格的境外机构投资者持股的企业中较为显著，不仅印证了本章的猜测，也说明资本市场开放与 QFII 持股在降低企业的投融资期限错配时存在替代关系。

（2）聘用会计师事务所规模的影响。

已有研究发现，企业聘用大规模审计机构提供财务报表审计服务，如"国际四大"，能够提供高质量的审计服务，不仅可以对管理层形成监督，降低企业的代理成本和导致高审计风险的行为（权小锋等，2010；谢盛纹等，2015），还能发现并报告企业的财务报告缺陷，使投资者获得更加客观和公允的会计信息（Francis，2004），降低企业的信息不对称程度（王艳艳和陈汉文，2006；陈小林等，2013）。这些研究表明，高质量审计的监督和信息效应不仅可以降低企业的融资约束（吕伟，2008），还能对企业管理层形成强有力的监督，降低会引起更高审计风险的非理性投融资行为，从而缓解企业的投融资期限错配。如果资本市场开放是通过降低融资约束和限制管理层非理性行为的方式缓解企业的投融资期限错配，那么，资本市场开放对企业投融资期限错配的治理效应应该在外部审计治理无法对融资约束进行缓解和管理层非理性行为实施有效监督的企业中表现得更加突出。

为了对此进行验证，首先，根据企业当年所聘用的会计师事务所是否为"国际四大"将样本划分为"国际四大"、非"国际四大"审计两组；其次，分别进行模型（5-1）的回归分析，回归结果列示于表 5-13 第（3）列和第（4）列。结果显示，在非"国际四大"审计的公司样本中，沪深港通标的公司虚拟变量 $Hsgt$ 的回归系数为 -0.0210，在 1% 的水平上显著为负，但在"国际四大"审计的公司样本中却不显著，说明沪深港通交易制度的实施对企业投融资期限错配的影响在非"国际四大"审计的企业中较为显著，不仅印证了本章的猜测，也说明资本市场开放与审计师监督在降低企业的投融资期限错配时存在替代关系。

表5-13　　　横截面测试：其他治理机制的调节作用

变量	(1) 无 QFII 持股 $Sfli$	(2) QFII 持股 $Sfli$	(3) 非"国际四大"审计 $Sfli$	(4) "国际四大"审计 $Sfli$
$Hsgt$	-0.0237*** (-3.9022)	0.0148 (0.9616)	-0.0210*** (-3.4463)	0.0139 (1.0717)
$Size$	0.0540*** (10.1065)	0.0821*** (4.4086)	0.0588*** (11.0686)	0.0674*** (3.3898)
Lev	-0.2400*** (-10.6153)	-0.2579*** (-3.1244)	-0.2493*** (-11.2523)	-0.1540* (-1.9684)
TQ	-0.0300*** (-12.5553)	-0.0401*** (-5.0980)	-0.0306*** (-13.2832)	-0.0218*** (-2.7768)
Roe	-0.1023*** (-6.6758)	-0.0641 (-1.3835)	-0.1009*** (-6.7346)	-0.0829* (-1.8867)
Ndi	-0.0947** (-2.3100)	-0.0011 (-0.0103)	-0.1166*** (-2.8121)	0.1267 (1.6271)
$Dual$	-0.0028 (-0.5196)	-0.0010 (-0.0558)	-0.0009 (-0.1623)	-0.0245 (-1.2641)
Age	-0.0159 (-1.4701)	0.0471* (1.9568)	-0.0107 (-0.9820)	-0.0334* (-1.8269)
$Zturn$	-0.0487*** (-5.2244)	-0.0830*** (-2.6026)	-0.0470*** (-5.2266)	-0.0589** (-1.9902)
Liq	0.0052*** (3.7054)	0.0144*** (2.6317)	0.0058*** (4.2600)	0.0296** (2.2910)
PPE	0.0319 (0.7408)	0.3193*** (2.7008)	0.0541 (1.3236)	0.2706** (2.0602)
$Cash$	-0.0476** (-2.0696)	-0.1028 (-1.3059)	-0.0649*** (-2.8499)	-0.1138 (-1.2445)
$Constant$	-0.9631*** (-6.8627)	-1.8300*** (-4.1601)	-1.0641*** (-7.6357)	-1.3942*** (-2.7138)

续表

变量	(1)	(2)	(3)	(4)
	无 QFII 持股	QFII 持股	非"国际四大"审计	"国际四大"审计
	Sfli	*Sfli*	*Sfli*	*Sfli*
Industry	Yes	Yes	Yes	Yes
Year	Yes	Yes	Yes	Yes
Firm	Yes	Yes	Yes	Yes
N	16771	1988	17560	1199
R^2	0.1215	0.2042	0.1286	0.1498

5.5.3 标的股票交易活跃度的影响

结合香港投资者参与"沪深股通"标的股票交易的程度，香港联合交易所会披露每个交易日活跃程度最高的前十名企业。成交活跃度较高的企业意味着该标的公司股票受到境外投资者和中介机构的关注更多，交易更多（连立帅等，2019b），因而对管理层更可能形成良好的监督和使投资者获得的信息能够更加准确及时地反应至股价，降低信息不对称程度，缓解融资约束的同时，对管理层非理性行为形成更大的监督，从而对投融资期限错配产生更大的影响。因此，可以预期，当股票交易的活跃度越高时，管理层受到的监督更大和信息不对称程度更低，为企业缓解融资约束的同时，降低了管理层的高风险融资行为，致使资本市场开放对企业投融资期限错配的缓解作用更加显著。为了对此进行验证，同第 4 章的处理方法类似，本章将样本限定在沪深港通标的企业，并设置 *Active* 变量进行回归分析，表 5-14 第（1）列列示了该回归结果。结果显示，*Active* 的回归系数为 -0.0139，且在 5% 的水平上显著为负。说明标的股票在香港联合交易所交易的活跃度越高，企业投融资期限错配的缓解作用越明显，这也进一步说明境外投资者能够通过市场交易形式对标的企业的投融资期限错配风险进行治理。

表 5-14　　十大活跃股的影响

变量	(1)
	Sfli
Active	-0.0139**
	(-2.1404)
Size	0.0135***
	(3.5594)
Lev	-0.1115***
	(-4.1357)
TQ	-0.0267***
	(-7.4028)
Roe	-0.1944***
	(-3.6878)
Ndi	-0.0267
	(-0.5806)
Dual	-0.0131*
	(-1.9448)
Age	0.0010**
	(2.2514)
Zturn	-0.0012
	(-0.1830)
Liq	0.0090***
	(3.2723)
PPE	0.1326*
	(1.7870)
Cash	-0.2763***
	(-6.0325)
Constant	-0.3205***
	(-3.6030)
Industry	Yes
Year	Yes
N	3142
R^2	0.0863

5.6 本章小结

企业的投融资期限错配，从微观层面来说，不仅会增加企业的经营风险和流动性风险，导致企业业绩的下降，严重时还会使企业陷入财务困境，引发流动性危机。从宏观层面来说，不仅会损害金融系统的稳定性，还会影响经济的可持续性发展。如何有效缓解企业的投融资期限错配是我国预防流动性危机和保证企业健康长远发展的保证。本章以沪深港通交易制度的实施为准自然实验场景，以企业的投融资期限错配为切入点，利用我国沪深 A 股上市公司 2009～2020 年的财务数据，深入探讨资本市场开放能否对企业的投融资期限错配进行有效治理。研究发现：第一，资本市场开放显著缓解了标的企业的投融资期限错配；第二，机制分析结果表明：一是资本市场开放降低了企业的融资约束，进而缓解企业的投融资期限错配。二是资本市场开放为企业带来了大量的外资投资者，这些投资者往往具有更加专业的投资经验和分析处理能力，他们利用股票交易行为对管理层实施监督，形成新的治理力量（"引制"），对管理层形成约束，减少了管理层的非理性融资行为，从而降低企业的投融资期限错配；第三，基于治理环境的分组结果表明，资本市场开放对企业投融资期限错配的缓解作用会受到企业治理环境的影响。具体来讲，当企业无 QFII 持股、聘用非"国际四大"会计师事务所时，资本市场开放对企业投融资期限错配的缓解作用更加明显；第四，其他进一步分析结果表明，标的股票在香港交易所交易的活跃度越高，企业投融资期限错配的降低作用越明显。

第 6 章

资本市场开放与企业债务违约风险

第 4 章、第 5 章从债务结构层面,检验了资本市场开放的债务风险治理效应。本章将从债务违约角度,探讨资本市场开放能否对债务违约风险发挥治理效应及其作用机制。研究结果表明,资本市场开放显著降低了标的企业的债务违约风险,这是由于资本市场开放提升了公司治理水平和改善了企业信息环境,使管理层降低了从事损害企业价值的行为所致。分组结果显示,资本市场开放对企业债务违约风险的治理作用在聘用非"国际四大"会计师事务所、标的股票交易活跃度较高和债务违约风险较高的企业中更加显著。本章的研究结果表明,资本市场开放能够对企业债务违约风险发挥治理作用,在一定程度上保障了企业的健康运行。

6.1 引 言

党的十九大以来,防范重大金融风险成为政府三大攻坚目标之一。债务违约风险作为债务风险的重要内容之一,是我国金融市场面临的主要问题。近年来,公司债务违约事件受到了社会的广泛关注,根据 Wind 数据统计,2014 ~ 2020 年,债券违约的现象总体呈现上升态势[1],违约债券的数量从 2014 年的

---

[1] 据 Wind 数据统计,2014 ~ 2020 年,债券违约的数量分别为 6、29、76、37、131、178、159,债券违约的规模分别为 13.4 亿元、125.77 亿元、383.17 亿元、267.45 亿元、1198.10 亿元、1395.09 亿元、1621.28 亿元。

6 只上升至 2020 年的 159 只，从债券违约规模来说，由 2014 年的 13.4 亿元上升至 2020 年的 1621.28 亿元。另外，据我国银行保险监督管理委员会数据统计①，商业银行的不良贷款比率也呈现上升态势，由 2014 年的 1.25% 上升至 2020 年的 1.84%，可见我国债务违约的情况相当严峻。债务违约不仅会使企业陷入财务困境，还会给债权人造成严重损失，更甚者还可能引发连锁反应影响到金融稳定。由此可见，非金融企业的债务违约风险已经成为影响我国金融稳定的因素之一，如何降低企业的债务违约风险已经成为我国迫切要解决的问题。尤其是在近几年宏观经济下行压力增加，债务违约风险会进一步被放大的情况下，如何有效降低企业的债务违约风险成为政府部门和学术界共同关注的话题。

目前学术界关于如何有效解决债务违约风险的研究主要集中在资本市场层面和企业内部层面，与本研究最为相关的是资本市场层面的研究，主要包括资本市场中卖空交易的发生、企业面临较高的收购威胁和股票流动性的提升等（Brogaard et al., 2017；Balachandran et al., 2019；陈胜蓝等，2020；张庆君和白文娟，2020），鲜有文献立足资本市场对外开放这一视角探讨其对企业债务违约风险的治理效应。所以，本章将利用沪深港通交易制度实施这一准自然实验深入探讨资本市场开放能否有效帮助企业降低债务违约风险及其作用机制。

理论上，资本市场开放可以通过股票交易的形式提升公司治理水平，并通过提升股价信息含量、增加自愿性信息披露和更多分析师跟踪等优化企业信息环境，进而对管理层损害企业价值行为形成监督，从而降低企业的债务违约风险。基于以上分析，本章以沪深港通交易制度实施为背景，以我国 2009～2020 年沪深 A 股上市公司为样本，构造双重差分模型，探讨资本市场开放能否对企业的债务违约风险进行有效治理及其作用机制。研究发现：第一，资本市场开放显著降低了标的企业的债务违约风险；第二，机制分析结果表明，资本市场开放通过强化公司治理机制和改善企业会计信息质量，提高对损害企业价值行为的惩罚成本，抑制管理层的机会主义行为，从而降低标的企业的债务

---

① 中国银行保险监督管理委员会官网：http://www.cbirc.gov.cn/cn/view/pages/index/index.html。

违约风险；第三，其他进一步分析结果表明，上述关系在聘用非"国际四大"会计师事务所、交易活跃度较高、杠杆率过高和存在过度负债的公司样本中更加明显。

本章可能的边际贡献主要包括以下3个方面：

第一，从资本市场对外开放视角拓展了缓解企业债务违约风险措施的研究。以往关于缓解企业债务违约风险的研究主要集中资本市场中的卖空交易的发生、企业面临较高的收购威胁和股票流动性的提升等层面（Brogaard et al., 2017；Balachandran et al., 2019；陈胜蓝等, 2020；张庆君和白文娟, 2020），较少有研究立足于资本市场对外开放视角研究其对企业债务违约风险的影响。本研究发现，资本市场对外开放作为股票二级市场的重要改革举措，降低了企业的债务违约风险，为我国利用不同的手段治理企业债务违约风险提供了理论和证据支撑，还为我国非金融企业的债务违约风险治理之路提供实务指导。

第二，立足于我国债务违约风险视角拓展了资本市场开放经济后果的研究。以往关于资本市场开放经济后果的研究主要集中在股价信息含量（Bae et al., 2012；钟覃琳和陆正飞, 2018）、股价对投资的引导作用（连立帅等, 2019a；连立帅等, 2019b）、公司治理水平和治理效果（Bae and Goyal, 2010；Ferreira et al., 2010；Kim and Yi, 2015；陈运森和黄健峤, 2019）等方面，尚未有文献立足于企业债务违约风险视角研究资本市场开放的经济后果。本文研究发现，资本市场开放能够通过提升公司治理水平和信息质量的途径降低企业的债务违约风险，表明资本市场开放作为重要的金融制度改革可以有效地服务于实体经济，对债务违约风险起到很好的治理作用，为我国不断深化的金融体制改革，金融体系逐步对外开放提供了理论支持。

第三，拓展了"用脚投票"公司治理机制在我国金融市场上的可行性研究。本研究发现资本市场开放引入的市场监督机制可以对债务违约风险起到很好的治理作用，不仅说明了资本市场开放可以对我国企业的债务违约风险起到很好的治理作用，还验证了"用脚投票"这种市场化的监督机制在我国金融市场上是可行的，能够起到应有的监督作用。

6.2 理论分析与研究假设

近年来，我国非金融企业的债务违约现象频频出现，债务违约不仅会损害企业的声誉，还会影响银行等债权人的资金回收情况，严重时会引发金融危机。为此，学术界针对债务违约风险的缓解机制展开了研究，除了公司内部的一些因素外（如内部治理机制、会计信息质量的提升和履行社会责任等），公司所处的资本市场因素亦不可忽视。尤其是在相关研究发现资本市场中卖空交易的发生、收购威胁等能够抑制企业债务违约风险的情形下，为本章研究资本市场对外开放对企业债务违约风险的影响提供了可能。

在第4章的实证研究中，已经分析资本市场开放主要通过引入境外的投资者利用市场交易的方式，即"用脚投票"的方式间接对公司的经营决策产生影响。理论上，沪深港通交易制度的实施不仅为内地投资者开通了投资海外股票的渠道，也为我国资本市场引进更多成熟的境外投资者和中介机构。引入的这些国际投资者具有更为专业的信息处理和分析能力，他们比本地投资者更加理性，不仅能够提升公司的治理水平，抑制高管损害企业价值的自利行为，还能优化企业的信息环境，提高管理层高风险行为被揭露的成本，从而降低企业的债务违约风险。因此，本章认为，资本市场开放能够通过提升公司治理水平和优化企业信息环境来降低企业的债务违约风险。

首先，从公司治理视角出发，境外投资者的"用脚投票"及其杠杆效应均会对管理层形成监督，抑制管理层的机会主义行为，从而有助于降低企业的债务违约风险。一方面，境外投资者可以通过购买或出售股票，即"用脚投票"的方式来约束管理层自利动机下的机会主义行为，从而降低企业的债务违约风险。现有研究指出，由于沪深港通标的公司境外投资者持股比例的限制、制度和规则的差别影响了直接沟通的效果，致使境外投资者更可能采用"用脚投票"的方式参与公司治理（连立帅等，2019a）。"用脚投票"强调境外投资者利用市场交易的方式对管理层形成威胁，即市场压力，影响管理层的行为和决策。资本市场开放引入更多的境外机构投资者，他们往往具有较高的投资能力和经验，他们对管理层损害企业价值的行为更加敏感，当他们发现管理层行为会损害企业价值时，会通过股票交易的方式对企业股价产生负面影响。管理层出于维护股价和自身股权收益的动机，会降低损害企业价值的行为，从而有助于降低企业的债务违约风险（孟庆斌等，2019）。另一方面，资本市场开放之后，境外投资者更加专业的信息搜集和处理能力会使其在选择投资对象时具有信息优势，引来更多境内投资者的跟随（陈晖丽和刘峰，2014），这种"用脚投票"的杠杆效应会督促企业管理层在成为标的公司时主动放弃不利于提升企业价值和业绩的行为（陈运森和黄健峤，2019），从而有助于降低企业债务违约风险。此外，资本市场开放还可能因控制权市场竞争的加剧、受到监管部门的重点监管使企业的治理水平得到提升（陈运森等，2019），从而降低管理层自利动机的机会主义行为，使其作出利于提升企业业绩和价值的决策，进一步降低企业的债务违约风险。

其次，从公司信息环境视角出发，资本市场开放会通过提升企业的会计信息质量，提高投资者与企业之间的信息透明度，提高管理层谋求私利行为被揭露的成本，减少管理层牟取私利行为的发生，从而降低企业的债务违约风险。沪深港通交易制度的实施不仅可以通过引入更多的境外投资者，利用其丰富的投资经验将市场信息及时准确地反映至股票价格，从而增加股价的信息含量以改善信息环境（钟凯等，2018b；钟覃琳和陆正飞，2018），还能通过引入更多分析师和媒体的跟踪降低企业信息不对称程度（郭阳生等，2018）。此外，资本市场开放还可以通过加大企业面临的竞争压力和潜在信息操纵成本促使企业主动提高会计信息质量（Bae et al.，2006；阮睿等，2021）。企业信息环境的改善不仅提高了管理层牟取私利行为隐藏的难度和被揭露的成本，还增加了管理层谋取私利行为被发现的可能性，一旦该损害企业价值的行为被发现，境外投资者会将该负面信息及时融入股价，带来股价的下跌和其他损失。所以，为了降低该事件发生的概率，管理层会减少自己如过度投资、超额薪酬等牟取私利的行为，从而降低对企业业绩和价值产生的负面影响，有助于债务违约风险的降低。

综上所述，资本市场开放能够通过提升公司治理水平和改善公司信息环境，降低高管从事损害企业价值的自利行为，从而降低企业的债务违约风险。

基于此，本章提出以下假设 H6-1：

假设 H6-1：资本市场开放（即沪深港通交易制度的实施）降低了标的企业的债务违约风险。

6.3 研究设计

6.3.1 样本选择与数据来源

本章选取 2009～2020 年沪深 A 股全部上市公司为样本，获得初始样本后，本章对初始样本进行了如下处理：(1) 剔除金融保险类上市公司；(2) 剔除本章研究期间内被 ST、*ST 的上市公司样本；(3) 剔除 2014 年之后上市的公司样本；(4) 为了保证资本市场开放政策实施的连续性，剔除成为沪深港通标的的公司后又被调出的公司样本；(5) 剔除相关数据缺失的公司样本。最终获得 2279 家公司 18354 个公司—年度观测值。本章的产权性质、事务所规模相关数据来源于中国研究数据库服务平台 CNRDS 数据库，其他数据均来源于国泰安 CSMAR 数据库。为了控制极端值对回归结果产生的潜在影响，本章对所有的连续变量进行了上下 1% 的缩尾处理。

6.3.2 模型设定与变量定义

本章参考 Bertrand 和 Mullainathan（2003）、连立帅等（2019b）采用多时点双重差分法进行检验。为了检验资本市场开放是否降低了企业的债务违约风险，即假设 H6-1，本章建立如下双重差分模型（6-1）：

$$EDF_{i,t} = \beta_0 + \beta_1 Hsgt_{i,t-1} + \beta_i \sum Controls_{i,t-1} + \gamma_i + \eta_t + \kappa + \varepsilon_{i,t} \quad (6-1)$$

模型（6-1）中的被解释变量为企业债务违约风险 EDF，参考 Bharath 和 Shumway（2008）、孟庆斌等（2019）的研究使用简化违约概率估计债务违约风险（EDF），其计算步骤如下所示：

第一步，计算企业的债务市场价值（V_D），其近似等于债务账面价值（D），等于流动负债与 0.5 倍的非流动负债之和。即 $V_D = D =$ 流动负债 $+ 0.5 \times$ 非流动负债;

第二步,计算债务风险,采用权益的波动率(σ_E)(利用上一年度月度收益率的数据求标准差计算)对企业债务的波动率(σ_D)进行近似估计。即 $\sigma_D = 0.05 + 0.25 \times \sigma_E$,其中,5% 代表企业债务期限的结构性波动,25% 代表与违约风险相关的波动;

第三步,按照市场价值进行加权平均进而做出企业价值总波动率(σ_V)的近似估计;

$$\sigma_V = \frac{V_E}{V_E + V_D}\sigma_E + \frac{V_D}{V_E + V_D}\sigma_D$$

$$= \frac{V_E}{V_E + D}\sigma_E + \frac{D}{V_E + D}(0.05 + 0.25 \times \sigma_E) \qquad (6-2)$$

其中 V_E 为公司股票总市值,用个股发行总数与年收盘价的乘积表示。

第四步,假定企业资产的预期回报率(μ)等于企业前一年的股票回报率(利用上一年度月度收益率计算),即:$\mu = R_{i,t-1}$;

第五步,类比 Merton DD 模型中违约距离的计算公式,可以得到简化的违约距离(DD):

$$DD = \frac{\ln\left(\frac{V_E + D}{D}\right) + (R_{i,t-1} - 0.5\sigma_V^2)T}{\sigma_V \sqrt{T}} \qquad (6-3)$$

具体计算时,按照通常做法,将 T 设定为 1 年。

第六步,对计算结果 DD 求累积标准正态分布,可以得到简化债务违约概率(EDF):

$$EDF = Normal(-DD) \qquad (6-4)$$

其中,EDF 值服从正态分布,取值范围在 0~1,EDF 值越大,代表企业的债务违约风险越大。

沪深港通标的公司虚拟变量 Hsgt 为本模型的解释变量。本章定义沪深港通标的公司虚拟变量 Hsgt 为沪深港通实施后并且为沪深港通标的企业时,取值为 1,否则取值为 0。

Controls 为本模型的控制变量。参考已有文献(陈德球等,2013b;孟庆斌等，2019），本章设置如下控制变量：企业规模（Size）、资产负债率（Lev）、长期资产占比（PPE）、经营活动现金流量（Cash）、资产回报率（Roe）、销售增长率（Growth）、资产流动性（Liq）、公司是否亏损（Loss）、企业年龄（Age）、股权制衡度（Zh）、独立董事占比（Ndi）、产权性质（Soe）、资产周转率（Zturn）、董事长与总经理是否两职合一（Dual）。同时本章还控制了行业（κ）、年度（η）和公司（γ）固定效应。变量的具体定义详见表6-1。

本章重点关注Hsgt的回归系数β_1，若其显著为负，说明被纳入沪深港通名单之后，标的公司的债务违约风险显著下降。

表6-1　　　　　　　　变量定义及其说明

变量名称	变量符号	变量定义
债务违约风险	EDF	参照Bharath和Shumway（2008）的方法采用简化违约概率对债务违约风险作出近似估计
沪深港通标的公司的虚拟变量	Hsgt	沪深港通交易制度实施后并为沪深港通标的公司时取值为1，否则取值为0
公司规模	Size	期末总资产的自然对数
资产负债率	Lev	期末总负债/期末总资产
长期资产占比	PPE	购建固定资产、无形资产和其他长期资产所支付的现金与处置上述资产所收回的现金之差与期末总资产之比
经营活动现金流量	Cash	现金流量表"经营活动产生的现金流量净额"，并利用上一年度总资产进行规模效应剔除
资产回报率	Roe	净利润/期末净资产
销售增长率	Growth	（本期营业收入－上期营业收入）/上期营业收入
资产流动性	Liq	期末流动资产与期末流动负债之比
公司是否亏损	Loss	当企业的营业利润小于0时取值为1，否则取值为0
企业年龄	Age	企业上市年限
股权制衡度	Zh	第二大股东至第十大股东持股比例之和/第一大股东持股比例
独立董事占比	Ndi	独立董事人数/董事会人数
产权性质	Soe	当公司为国有企业时取值为1，非国有企业时取值为0
资产周转率	Zturn	营业收入/期末总资产
两职重合	Dual	董事长与总经理两职重合时取值为1，否则取值为0

6.4 实证结果与分析

6.4.1 描述性统计结果

表6-2列示了主要变量的描述性统计结果。结果显示：在本章的样本期间内，公司债务违约风险 EDF 的平均值为0.0217，标准差为0.1179，最小值为0，最大值为0.8614，说明我国上市公司整体的债务违约风险并不高，但是不同上市公司之间的债务违约风险差别较大，某些企业的债务违约风险较高，与孟庆斌等（2019）报告的结果基本保持一致。沪深港通标的公司虚拟变量 $Hsgt$ 的均值为0.1369，表明沪深港通标的公司样本占全部样本的13.69%，与连立帅等（2019b）的计算结果相近。控制变量的结果与其他相关文献保持一致，不再一一赘述。

表6-2 主要变量描述性统计结果

变量	N	mean	sd	min	p25	p50	p75	max
EDF	18354	0.0217	0.1179	0	0	0	0	0.8614
Hsgt	18354	0.1369	0.3437	0	0	0	0	1
Size	18354	22.2617	1.2799	19.5269	21.3640	22.0973	23.0047	26.0938
Lev	18354	0.4604	0.2066	0.0643	0.3008	0.4596	0.6152	0.9625
PPE	18354	0.0458	0.0470	-0.0400	0.0127	0.0326	0.0652	0.2306
Cash	18354	0.0522	0.0824	-0.2055	0.0079	0.0499	0.0970	0.3099
Roe	18354	0.0581	0.1405	-0.8716	0.0272	0.0665	0.1136	0.3827
Growth	18354	0.1843	0.4591	-0.5904	-0.0207	0.1062	0.2667	3.1093
Liq	18354	2.0408	1.8718	0.2390	1.0403	1.4795	2.2672	11.7919
Loss	18354	0.1429	0.3500	0	0	0	0	1
Age	18354	11.9076	6.2892	2	6	11	17	26
Zh	18354	0.7991	0.7013	0.0251	0.2640	0.6005	1.1306	3.4167

续表

变量	N	mean	sd	min	p25	p50	p75	max
Ndi	18354	0.3719	0.0532	0.2727	0.3333	0.3333	0.4000	0.5714
Soe	18354	0.4682	0.4990	0	0	0	1	1
Zturn	18354	0.6449	0.4511	0.0697	0.3494	0.5390	0.7964	2.6261
Dual	18354	0.2115	0.4084	0	0	0	0	1

6.4.2 实证结果分析

为了检验资本市场开放对企业债务违约风险的影响，即假设 H6-1，本章利用模型（6-1）进行回归分析，在此主要关注沪深港通标的公司虚拟变量 $Hsgt$ 的回归系数及其显著性，根据本章的假设 H6-1，预期该回归系数显著为负，回归结果如表 6-3 第（1）列和第（2）列所示。表 6-3 第（1）列是未控制任何控制变量的回归结果，第（2）列是控制了所有控制变量的回归结果。结果显示，沪深港通交易制度实施变量 $Hsgt$ 的回归系数分别为 -0.0094 和 -0.0168，分别在 5% 和 1% 的水平上显著为负，表明沪深港通交易制度实施后，相对于非标的公司，标的公司的债务违约风险更低，即沪深港通交易制度的实施降低了标的企业的债务违约风险，从而验证了本章的假设 H6-1。

控制变量方面，公司规模（$Size$）越大，公司的债务违约风险越高，表明公司资产规模越大，对外部资金的需求越大，企业会保持较高的债务水平，增加了企业债务违约的可能性。企业杠杆（Lev）越高，企业的债务违约风险越高，这说明企业的杠杆水平越高，偿债能力越弱，使企业债务违约风险增加，这与 Molina（2005）和孟庆斌等（2019）的发现一致。资产回报率（Roe）与公司债务违约风险的回归系数显著为负，表明公司的盈利能力越强，内源资金充足，企业具备良好的偿债能力，从而使企业的债务违约风险较低，这与已有文献发现一致。资产流动性（Liq）与公司债务违约风险的回归系数显著为正，表明企业的资产流动性越强，债务违约风险越高，这与已有文献发现不一致，可能的原因是企业流动资产中现金资产占比较低①，实质流动性较低，从而影响了企业的偿债能力，增加了企业的债务违约风险。销售收入增长率（Growth）与公司债务违约风险的回归系数显著为负，表明公司的收入增长越多，用于偿还债务的资金越充足，使企业的债务违约风险较低，这与已有文献发现一致。资产周转率（Zturn）与公司债务违约风险的回归系数显著为正，表明企业的资产周转效率越高，企业的债务违约风险越高，这与已有发现不一致，可能的原因是总资产中债务的占比过高②，增加的收入难以弥补债务所产生的费用，从而使企业的债务违约风险处于较高水平。

表6-3　资本市场开放与企业债务违约风险

变量	(1) EDF	(2) EDF
Hsgt	-0.0094** (-2.1051)	-0.0168*** (-3.9958)
Size		0.0270*** (7.7620)
Lev		0.0503*** (4.8454)
PPE		0.0211 (0.8709)
Cash		-0.0089 (-0.5672)
Roe		-0.0429*** (-3.7697)
Growth		-0.0088*** (-4.2698)

---

① 据CSMAR数据库统计，现金资产占流动资产比重的平均值为0.3294，中位数为0.2896，远远小于非现金资产的占比，此处的现金资产主要包括货币资金和交易性金融资产。

② 据CSMAR数据库统计，资产周转率较高组资产负债率的平均值为0.4748，资产周转率较低组资产负债率的平均值为0.4461，两者在1%的水平上存在显著差异（t值为-9.4478）。

续表

变量	(1) EDF	(2) EDF
Liq		0.0038*** (6.8035)
Loss		0.0032 (0.9734)
Age		−0.0211 (−1.5530)
Zh		−0.0004 (−0.1225)
Ndi		0.0344 (1.1645)
Soe		0.0003 (0.0414)
Zturn		0.0158** (2.4189)
Dual		0.0040 (1.2340)
Constant	0.0405 (1.2658)	−0.4716*** (−4.0937)
Industry	Yes	Yes
Year	Yes	Yes
Firm	Yes	Yes
N	18354	18354
R^2	0.0579	0.0753

注：( ) 内为经过稳健标准误调整后的 T 值，*、**、*** 分别表示在 10%、5% 和 1% 的水平上显著，下同。

6.4.3 稳健性测试

为了保证本章主要回归结果的稳健性，分别采用变更主要变量的衡量、增加控制变量、剔除特殊样本、安慰剂测试、倾向得分匹配（PSM）等方法对主假设进行稳健性测试。

(1) 变更企业债务违约风险的衡量方法。

在主回归中，本章采用简化违约概率代替债务违约风险，为缓解变量衡量方式不一致导致的结果差异，本章利用 Zmijewski（1984）提出的破产预测指数 $ZZ = -4.336 - 4.513 \times Roe + 5.679 \times Lev + 0.004 \times Liq$ 来代替企业的债务违约风险，该指数越大，企业的债务违约风险越大。同时参考孙铮等（2006）利用企业是否按期偿还了借款衡量企业的债务违约风险，该指标利用企业上年度短期借款（包括一年内到期的长期借款）与当期偿还借款额度（偿还债务所支付的现金）的差额来衡量，当该差额大于零时，表示企业没有按期偿还本金，Violate 取值为 1，否则取值为 0。然后分别进行回归分析，回归结果如表 6-4 第（1）列和第（2）列所示。结果显示，沪深港通交易制度实施 Hsgt 的回归系数分别为 -0.2040 和 -0.2693，分别在 1% 和 5% 的水平上显著为负，说明资本市场开放可以显著降低企业的债务违约风险，证明本章的实证结果是稳健的。

(2) 控制货币政策的影响。

研究发现，货币政策会对企业的债务违约风险产生影响（王博等，2019）。为了排除货币政策可能对本章研究结果产生的影响，参考陆正飞和杨德明（2011）利用 MP 指数代表货币政策，作为控制变量加入模型（6-1）进行回归分析，回归结果列示于表 6-4 第（3）列所示。结果显示，沪深港通交易制度实施 Hsgt 的回归系数为 -0.0168，且在 1% 的水平上显著为负，证明了本章实证结果的稳健性。

(3) 剔除沪深港通交易制度实施当年的样本。

为了缓解沪深港通交易制度实施，当年标的企业债务违约风险即受该制度影响的可能性，本章剔除了沪深港通实施第一年标的公司样本即 2014 年沪股通标的和 2016 年的深股通标的后重新进行模型（6-1）的回归，回归结果见表 6-4 第（4）列。结果显示，沪深港通交易制度实施 Hsgt 的回归系数为 -0.0186，并且在 1% 的水平上显著为负，与本章前述结果基本一致，说明本章的实证结果是稳健的。

表 6-4　稳健性测试：替换违约风险的衡量方式、增加控制变量与剔除特殊样本

变量	(1) 替换违约风险 ZZ	(2) 替换违约风险 Violate	(3) 增加 MP EDF	(4) 剔除开通当年样本 EDF
Hsgt	-0.2040*** (-7.6213)	-0.2693** (-1.9642)	-0.0168*** (-3.9958)	-0.0186*** (-4.0802)
Size	0.2821*** (10.1255)	0.0055 (0.0720)	0.0270*** (7.7620)	0.0278*** (7.8023)
Lev	3.1697*** (27.3778)	1.2418*** (3.4683)	0.0503*** (4.8454)	0.0520*** (4.9436)
PPE	0.2811 (1.3822)	-1.4451 (-1.6440)	0.0211 (0.8709)	0.0226 (0.9214)
Cash	-1.2119*** (-10.9282)	1.1185** (2.3641)	-0.0089 (-0.5672)	-0.0092 (-0.5804)
Roe	0.0666 (0.5338)	-0.5513** (-2.5602)	-0.0429*** (-3.7697)	-0.0427*** (-3.7088)
Growth	-0.1427*** (-7.1177)	0.0492 (0.7581)	-0.0088*** (-4.2698)	-0.0092*** (-4.4088)
Liq	-0.0287*** (-3.8807)	-0.1350*** (-3.5923)	0.0038*** (6.8035)	0.0039*** (6.8796)
Loss	0.1685*** (4.6453)	0.2013* (1.8963)	0.0032 (0.9734)	0.0029 (0.8606)
Age	-0.1146 (-1.3514)	-0.1069 (-0.3356)	-0.0211 (-1.5530)	-0.0208 (-1.5387)
Zh	-0.0024 (-0.1018)	0.0139 (0.1639)	-0.0004 (-0.1225)	-0.0001 (-0.0210)
Ndi	-0.4845** (-2.3543)	-0.3905 (-0.4380)	0.0344 (1.1645)	0.0365 (1.1958)
Soe	0.1167 (1.3915)	-0.2775 (-1.3173)	0.0003 (0.0414)	0.0004 (0.0534)
Zturn	-0.0440 (-0.9389)	-0.1936 (-1.1952)	0.0158** (2.4189)	0.0159** (2.3974)

续表

变量	(1) 替换违约风险 ZZ	(2) 替换违约风险 Violate	(3) 增加 MP EDF	(4) 剔除开通当年样本 EDF
Dual	0.0123 (0.4156)	-0.0762 (-0.6835)	0.0040 (1.2340)	0.0041 (1.2415)
MP			3.6465 (1.0629)	
Constant	-8.8026*** (-10.8169)		-0.2426 (-0.7860)	-0.4923*** (-4.2353)
Industry	Yes	Yes	Yes	Yes
Year	Yes	Yes	Yes	Yes
Firm	Yes	Yes	Yes	Yes
N	18354	7703	18354	17884
$P-R^2/R^2$	0.2230	0.0577	0.0753	0.0763

(4) 替换模型的设定方法。

DID 的模型设定一般包括两类：一是设置单一政策实施变量并控制企业固定效应的模型。二是设置交乘项，并控制行业和年度固定效应的模型。模型（6-1）采用的是第一种形式，为了缓解因模型设定方式不同而导致的结果差异，本章利用第二种方式进行模型设定，使用新设定的模型（6-5）重新检验沪深港通交易制度的实施对企业债务违约风险的影响：

$$EDF_{i,t} = \beta_0 + \beta_1 List_i + \beta_2 ListPost_{i,t-1} + \beta_i \sum Controls_{i,t-1} + \eta_t + \kappa + \varepsilon_{i,t}$$
(6-5)

其中 List 为虚拟变量，定义为该公司为沪深港通标的公司时，取值为 1，否则取值为 0。ListPost 为虚拟变量，定义为公司进入沪深港通标的名单之后的年份取值为 1，否则取值为 0，控制变量的定义同模型（6-1）。在此主要关注 ListPost 的回归系数 β_2，该系数表示进入沪深港通标的名单的公司，在沪深港通交易制度实施前后债务违约风险的变化相对于其他公司所表现出来的差异。回归结果列示于表 6-5 第（1）列，结果显示，沪深港通交易制度实施 ListPost 的回归系数为 -0.0201，并且在 1% 的水平上显著为负，说明沪深港通的开通可以降低标的企业的债务违约风险,这一结果与正文主要假设的回归结果保持一致,证明在变更本章的回归模型后,本章的研究结果依然成立,证明了本章研究结果的稳健性。

(5) 剔除 A+H 股样本。

为了排除本研究的回归结果可能是由于沪深港通实施之前境外机构投资者和中介机构对企业管理层监督和信息环境产生的影响,而非沪深港通实施所致,本章将样本中同时发行 A 股和 H 股的样本公司剔除后进行模型 (6-1) 的回归,回归结果如表 6-5 第 (2) 列所示。结果显示沪深港通交易制度实施 $Hsgt$ 的回归系数为 -0.0138,并且在 1% 的水平上显著为负,说明沪深港通的开通显著降低了标的企业的债务违约风险。这一结果与本章主要结果保持一致,说明本章的实证结果是稳健的。

表 6-5　　　　　稳健性测试:变换模型与剔除特殊样本

变量	(1) 替换模型设定方法 EDF	(2) 剔除发行 A+H 股样本 EDF
$Hsgt$		-0.0138 *** (-3.1941)
$List$	-0.0071 *** (-3.6779)	
$ListPost$	-0.0201 *** (-6.1315)	
$Size$	0.0199 *** (17.0777)	0.0261 *** (7.4309)
Lev	0.1259 *** (17.9985)	0.0511 *** (4.9101)
PPE	0.0206 (1.1955)	0.0184 (0.7758)
$Cash$	-0.0188 (-1.5432)	-0.0033 (-0.2124)
Roe	-0.0465 *** (-4.3468)	-0.0389 *** (-3.5349)

续表

变量	(1) 替换模型设定方法 EDF	(2) 剔除发行 A+H 股样本 EDF
Growth	-0.0046** (-2.4818)	-0.0086*** (-4.2349)
Liq	0.0083*** (18.7336)	0.0037*** (6.5658)
Loss	0.0015 (0.4870)	0.0015 (0.4670)
Age	-0.0001 (-0.8486)	-0.0137 (-1.0523)
Zh	0.0014 (1.1528)	-0.0003 (-0.0922)
Ndi	0.0259 (1.4922)	0.0228 (0.8296)
Soe	0.0002 (0.1081)	0.0009 (0.1320)
Zturn	0.0037 (1.5774)	0.0142** (2.1467)
Dual	0.0042** (2.2128)	0.0051 (1.5366)
Constant	-0.4658*** (-17.3360)	-0.4960*** (-4.4489)
Industry	Yes	Yes
Year	Yes	Yes
Firm	No	Yes
N	18354	17744
R^2	0.1494	0.0724

(6) 安慰剂测试。

考虑到本章的回归结果可能受到不可观测因素的影响,本章通过随机设定处理组样本进行安慰剂测试。由于"伪"处理组公司是随机生成的,那么资本市场开放对企业债务违约风险应该是无显著影响的，否则说明本章的模型设定是存在偏差的。具体地，本章进行了 1000 次随机抽样，并在模型（6-1）的基础上进行回归分析，从而得到沪深港通交易制度实施虚拟变量 $Hsgt$ 的错误回归系数和 p 值，并绘制其核密度图 6-1。从图 6-1 中可以看出，一是 $Hsgt$ 的估计系数均值接近于 0；二是真实的 $Hsgt$ 的估计系数如表 6-3 第（2）列所示，在该安慰剂测试中是明显的异常值；三是大部分估计系数的 p 值在 0.1 以上。这些结果表明，本章的估计结果不太可能是由于模型外其他不可观测的随机因素所致，证明了本章实证结果的稳健性。

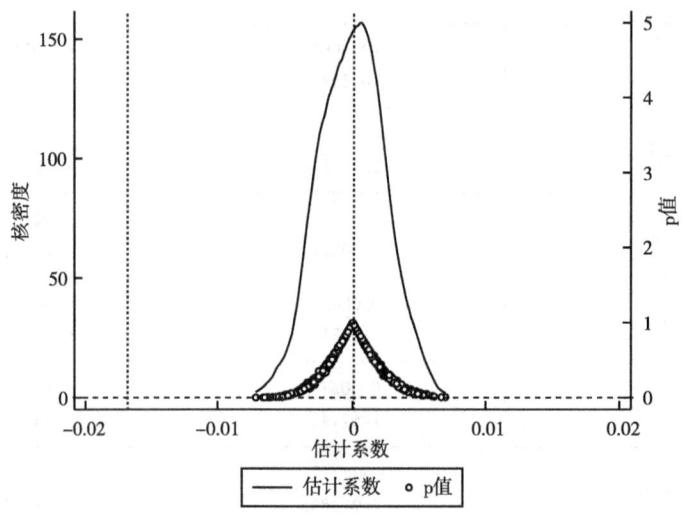

图 6-1　稳健性测试：安慰剂测试结果

（7）倾向得分匹配法（PSM）。

本章主回归中使用的是全样本回归的方法，为了缓解样本选择性偏差导致的内生性问题，本章采用与第 4 章相同的倾向得分匹配法（PSM）进行处理。表 6-6、表 6-7 和表 6-8 分别列示了不同匹配方法下匹配前后样本的平衡性检验结果。结果显示，在匹配前，沪深港通标的企业与非沪深港通标的企业的相关指标之间存在较大差异。经过匹配后，各个指标之间没有显著差异，表明匹配结果较好。经过倾向得分匹配后，利用 PSM 后的样本进行了模型（6-1）的回归分析，表 6-9 报告了主要的回归结果。结果显示沪深港通交易制度实施 $Hsgt$ 的回归系数分别为 -0.0141、-0.0120 和 -0.0150，并且分别在 10%、

10%和5%的水平上显著为负,该结果与本章主要结果保持一致,说明本章的实证结果是稳健的。

表6-6 PSM平衡性测试结果:卡尺内k邻近匹配(0.001卡尺)

Variable	样本	Mean（Hsgt=1）	Mean（Hsgt=0）	% bias	t-test
Size	Unmatched	23.4486	22.0099	122.1	64***
	matched	23.1448	23.1469	-0.2	-0.07
Lev	Unmatched	0.4679	0.4588	4.6	2.27**
	matched	0.4580	0.4589	-0.4	-0.15
PPE	Unmatched	0.0462	0.0457	1.1	0.55
	matched	0.0466	0.0453	2.9	1.09
Cash	Unmatched	0.0763	0.0470	36.4	18.41***
	matched	0.0712	0.0728	-2	-0.7
Roe	Unmatched	0.1013	0.0489	42.6	19.37***
	matched	0.0957	0.0944	1	0.48
Growth	Unmatched	0.2310	0.1744	12.4	6.35***
	matched	0.2348	0.2417	-1.5	-0.49
Liq	Unmatched	1.8650	2.0781	-12.2	-5.87***
	matched	1.9353	1.9446	-0.5	-0.2
Loss	Unmatched	0.0451	0.1637	-39.5	-17.58***
	matched	0.0536	0.0563	-0.9	-0.43
Age	Unmatched	14.0103	11.4616	40.6	21.11***
	matched	13.3895	13.4666	-1.2	-0.44
Zh	Unmatched	0.8969	0.7783	16.8	8.73***
	matched	0.8827	0.8933	-1.5	-0.51
Ndi	Unmatched	0.3751	0.3713	7.1	3.71***
	matched	0.3731	0.3737	-1.1	-0.39
Soe	Unmatched	0.4570	0.4706	-2.7	-1.4
	matched	0.4454	0.4501	-0.9	-0.34
Zturn	Unmatched	0.6728	0.6390	7.4	3.86***
	matched	0.6614	0.6574	0.9	0.31
Dual	Unmatched	0.2139	0.2110	0.7	0.36
	matched	0.2116	0.2057	1.4	0.52

表6-7　PSM 平衡性测试结果：卡尺内 k 邻近匹配 (0.002 卡尺)

Variable	样本	Mean (Hsgt=1)	Mean (Hsgt=0)	% bias	t-test
Size	Unmatched	23.4486	22.0099	122.1	64***
	matched	23.1525	23.1723	-1.7	-0.64
Lev	Unmatched	0.4679	0.4588	4.6	2.27**
	matched	0.4561	0.4607	-2.3	-0.87
PPE	Unmatched	0.0462	0.0457	1.1	0.55
	matched	0.0469	0.0453	3.6	1.38
Cash	Unmatched	0.0763	0.0470	36.4	18.41***
	matched	0.0723	0.0732	-1.1	-0.4
Roe	Unmatched	0.1013	0.0489	42.6	19.37***
	matched	0.0960	0.0951	0.8	0.37
Growth	Unmatched	0.2310	0.1744	12.4	6.35***
	matched	0.2324	0.2430	-2.3	-0.76
Liq	Unmatched	1.8650	2.0781	-12.2	-5.87***
	matched	1.9312	1.9366	-0.3	-0.12
Loss	Unmatched	0.0451	0.1637	-39.5	-17.58***
	matched	0.0524	0.0555	-1	-0.49
Age	Unmatched	14.0103	11.4616	40.6	21.11***
	matched	13.4077	13.4996	-1.5	-0.53
Zh	Unmatched	0.8969	0.7783	16.8	8.73***
	matched	0.8871	0.8955	-1.2	-0.41
Ndi	Unmatched	0.3751	0.3713	7.1	3.71***
	matched	0.3727	0.3736	-1.6	-0.59
Soe	Unmatched	0.4570	0.4706	-2.7	-1.4
	matched	0.4419	0.4518	-2	-0.72
Zturn	Unmatched	0.6728	0.6390	7.4	3.86***
	matched	0.6703	0.6577	2.8	0.98
Dual	Unmatched	0.2139	0.2110	0.7	0.36
	matched	0.2082	0.2052	0.7	0.27

表6-8　PSM 平衡性测试结果：卡尺内 k 邻近匹配（0.003 卡尺）

Variable	样本	Mean（Hsgt=1）	Mean（Hsgt=0）	% bias	t-test
Size	Unmatched	23.4486	22.0099	122.1	64***
	matched	23.1601	23.1784	-1.6	-0.59
Lev	Unmatched	0.4679	0.4588	4.6	2.27**
	matched	0.4560	0.4609	-2.4	-0.91
PPE	Unmatched	0.0462	0.0457	1.1	0.55
	matched	0.0464	0.0454	2.3	0.88
Cash	Unmatched	0.0763	0.0470	36.4	18.41***
	matched	0.0729	0.0732	-0.4	-0.13
Roe	Unmatched	0.1013	0.0489	42.6	19.37***
	matched	0.0961	0.0951	0.8	0.41
Growth	Unmatched	0.2310	0.1744	12.4	6.35***
	matched	0.2309	0.2438	-2.8	-0.94
Liq	Unmatched	1.8650	2.0781	-12.2	-5.87***
	matched	1.9388	1.9363	0.1	0.06
Loss	Unmatched	0.0451	0.1637	-39.5	-17.58***
	matched	0.0521	0.0562	-1.4	-0.67
Age	Unmatched	14.0103	11.4616	40.6	21.11***
	matched	13.3682	13.4930	-2	-0.72
Zh	Unmatched	0.8969	0.7783	16.8	8.73***
	matched	0.8906	0.8975	-1	-0.33
Ndi	Unmatched	0.3751	0.3713	7.1	3.71***
	matched	0.3725	0.3736	-2	-0.72
Soe	Unmatched	0.4570	0.4706	-2.7	-1.4
	matched	0.4474	0.4530	-1.1	-0.41
Zturn	Unmatched	0.6728	0.6390	7.4	3.86***
	matched	0.6678	0.6588	2	0.7
Dual	Unmatched	0.2139	0.2110	0.7	0.36
	matched	0.2071	0.2045	0.6	0.24

表6-9　稳健性测试：使用倾向得分匹配法（PSM）后的回归结果

变量	(1) 0.001卡尺内k邻近匹配 EDF	(2) 0.002卡尺内k邻近匹配 EDF	(3) 0.003卡尺内k邻近匹配 EDF
$Hsgt$	-0.0141* (-1.9299)	-0.0120* (-1.7505)	-0.0150** (-2.1333)
$Size$	0.0545*** (5.1545)	0.0458*** (4.8852)	0.0528*** (5.2553)
Lev	0.0190 (0.6479)	0.0218 (0.8061)	0.0264 (0.9428)
PPE	0.0043 (0.0463)	0.0733 (0.9990)	0.0730 (1.0002)
$Cash$	0.0166 (0.3971)	0.0005 (0.0123)	0.0115 (0.2816)
Roe	-0.1178*** (-2.9310)	-0.1212*** (-3.0422)	-0.1039*** (-2.5813)
$Growth$	-0.0129** (-2.0199)	-0.0120** (-1.9695)	-0.0131** (-2.1571)
Liq	0.0015 (1.0778)	0.0015 (1.1073)	0.0019 (1.3947)
$Loss$	0.0109 (0.9405)	0.0109 (0.9301)	0.0152 (1.3306)
Age	0.0029 (0.0988)	-0.0355 (-0.9062)	0.0048 (0.1771)
Zh	0.0048 (0.6242)	0.0020 (0.2875)	0.0017 (0.2530)
Ndi	-0.0823 (-1.0315)	-0.0275 (-0.3306)	-0.0453 (-0.5523)
Soe	-0.0014 (-0.0888)	0.0066 (0.4351)	-0.0109 (-0.8000)
$Zturn$	0.0516*** (3.5304)	0.0464*** (3.1669)	0.0461*** (3.2006)

续表

变量	(1) 0.001卡尺内k邻近匹配 EDF	(2) 0.002卡尺内k邻近匹配 EDF	(3) 0.003卡尺内k邻近匹配 EDF
Dual	0.0051 (0.4709)	0.0054 (0.5428)	0.0089 (0.8465)
Cons	-1.0209*** (-3.4900)	-0.6230* (-1.9540)	-1.0194*** (-3.6999)
Industry	Yes	Yes	Yes
Year	Yes	Yes	Yes
Firm	Yes	Yes	Yes
N	5114	5264	5302
R^2	0.0993	0.0987	0.0984

6.5 进一步分析

6.5.1 机制检验

理论分析表明沪深港通交易制度的实施能够通过提高公司治理水平和优化信息环境的路径降低标的企业的债务违约风险。接下来本章将检验该作用机制是否成立。

（1）公司治理渠道。

资本市场开放可能会通过提升公司的治理水平，降低管理层自利动机下的机会主义行为，从而有助于债务违约风险的降低。基于此，本章猜测，当企业的治理水平较低时，资本市场开放对企业债务违约风险的缓解作用更加明显。已有研究发现，独立董事作为与公司目前的利益方没有任何关系的第三方，能够对管理层起到很好的监督作用。独立董事占比越高，企业的盈余管理程度越低（Davidson et al.，2005），越有可能针对管理层的不当行为提出质疑，缓解企业的代理成本提升企业价值（叶康涛等，2011），也可以通过降低代理成本来提升企业经营业绩（Brickley et al.，1994；王跃堂等，2006），从而提升公司治理水平。此外，有研究发现境外的机构投资者比其他投资者更加专业和独立，不仅能够积极参与公司治理，也可能通过"用脚投票"的方式对管理层形成威慑，起到很好的监督作用，从而提升公司治理水平（Aggarwal et al.，2011）。因此，参考孟庆斌等（2018）、程利敏等（2019），本章同时使用独立董事占比和QFII持股两个指标代表公司的治理水平，按照独立董事占比的年度中位数将样本分为独立董事占比高、低两组，并按照企业是否有QFII持股将样本分为有、无QFII持股两组，然后分别进行模型（6-1）的回归分析，回归结果列示于表6-10第（1）列-第（4）列。结果显示，当独立董事占比较低和无QFII持股时，即公司治理水平较差时，虚拟变量 $Hsgt$ 的回归系数分别为-0.0206和-0.0167，并且均在1%的水平上显著为负，而在独立董事占比较高和有QFII持股的公司样本中，即公司治理水平较高时，该系数却不显著，该结果表明资本市场开放对治理水平较差企业的债务违约风险抑制作用更强，从而验证了本章的公司治理渠道。

表6-10　　　　　　　　机制检验：公司治理渠道

变量	(1) 独立董事占比低 EDF	(2) 独立董事占比高 EDF	(3) 无QFII持股 EDF	(4) 有QFII持股 EDF
$Hsgt$	-0.0206*** (-3.4494)	-0.0064 (-1.0386)	-0.0167*** (-3.4744)	-0.0074 (-0.6471)
$Size$	0.0242*** (4.5022)	0.0254*** (4.9843)	0.0255*** (7.2762)	0.0644*** (3.9884)
Lev	0.0516*** (3.7320)	0.0263* (1.6645)	0.0567*** (5.0847)	0.0104 (0.1911)
PPE	0.0343 (1.1127)	-0.0300 (-0.7236)	0.0343 (1.2746)	-0.1338* (-1.7242)
$Cash$	-0.0306* (-1.6682)	-0.0028 (-0.1067)	-0.0082 (-0.4959)	0.0155 (0.2400)
Roe	-0.0413** (-2.5275)	-0.0468*** (-2.8896)	-0.0437*** (-3.6884)	-0.0819** (-2.3143)

续表

变量	(1) 独立董事占比低 EDF	(2) 独立董事占比高 EDF	(3) 无QFII持股 EDF	(4) 有QFII持股 EDF
Growth	-0.0096*** (-2.9617)	-0.0083*** (-2.8943)	-0.0079*** (-3.9011)	-0.0269* (-1.9587)
Liq	0.0044*** (4.3713)	0.0028*** (3.9898)	0.0038*** (6.6599)	0.0021 (0.6532)
Loss	-0.0004 (-0.0717)	0.0106** (2.1964)	0.0023 (0.6631)	-0.0237 (-1.0577)
Age	0.0046 (0.4737)	-0.0361 (-1.2211)	-0.0198 (-1.3206)	-0.0662*** (-3.1894)
Zh	-0.0016 (-0.4089)	-0.0027 (-0.6360)	-0.0003 (-0.1037)	0.0012 (0.0934)
Ndi	0.0505 (0.9496)	0.0181 (0.4446)	0.0401 (1.2209)	-0.1539* (-1.7510)
Soe	0.0056 (0.5726)	-0.0115 (-1.0189)	0.0000 (0.0026)	0.0135 (0.9907)
Zturn	0.0137 (1.5344)	0.0241** (2.3604)	0.0127* (1.8466)	0.0191 (0.6715)
Dual	-0.0041 (-0.9123)	0.0189*** (3.2405)	0.0038 (1.1036)	0.0062 (0.5876)
Constant	-0.5325*** (-3.9475)	-0.3411* (-1.6850)	-0.4474*** (-3.6693)	-0.8704** (-2.4453)
Industry	Yes	Yes	Yes	Yes
Year	Yes	Yes	Yes	Yes
Firm	Yes	Yes	Yes	Yes
N	9920	8434	16416	1938
R^2	0.0748	0.0743	0.0760	0.1552

(2) 信息渠道。

资本市场开放不仅可以通过引入更多的境外投资者利用其先进的投资经验将市场信息及时准确地反映至股票价格,从而增加股价的信息含量以改善信息环境（钟凯等，2018b；钟覃琳和陆正飞，2018），还能通过引入更多分析师和媒体的跟踪降低企业信息不对称（郭阳生等，2018）。此外，资本市场开放还可以通过加大企业面临的竞争压力和潜在信息操纵成本促使企业主动提高会计信息质量（Bae et al.，2006；阮睿等，2021）。信息环境的改善促使管理层出现损害企业价值行为时面临的惩罚成本增加，进而约束管理层私利行为的出现，从而降低债务违约风险。基于此，本章猜测，当公司信息环境较差时，资本市场开放对企业债务违约风险的缓解作用更加明显。有研究发现，分析师预测偏差越小和预测分歧度越低的企业，会计信息不对称程度越低（李志生等，2017），信息质量越高。因此，参考已有文献（李志生等，2017），本章同时使用分析师预测偏差和预测分歧度两个指标代表企业的信息环境，按照分析师预测偏差的年度中位数将样本分为预测偏差大、小两组，并按照分析师预测分歧度的年度中位数将样本分为预测分歧度大、小两组，然后分别进行模型（6-1）的回归分析，回归结果列示于表6-11第（1）列－第（4）列。结果显示，当分析师预测偏差较大和预测分歧度较高时，即公司信息质量较差时，虚拟变量 $Hsgt$ 的回归系数分别为 -0.0163 和 -0.0186，并且分别在10%和5%的水平上显著为负，而在分析师预测偏差较小和预测分歧度较低的公司内，即公司信息质量较好时，该系数却不显著。该结果表明资本市场开放对信息质量较差企业的债务违约风险抑制作用更强，从而验证了本研究的信息渠道。

表6-11　　　　　　　机制检验：信息渠道

变量	(1) 分析师预测偏差大 EDF	(2) 分析师预测偏差小 EDF	(3) 分析师预测分歧度高 EDF	(4) 分析师预测分歧度低 EDF
$Hsgt$	-0.0163* (-1.9263)	-0.0055 (-1.2632)	-0.0186** (-2.3636)	-0.0046 (-1.2686)
$Size$	0.0337*** (4.1960)	0.0093* (1.8838)	0.0393*** (4.2350)	0.0074* (1.8938)
Lev	0.0724*** (3.1598)	0.0295** (2.4871)	0.0713*** (2.7904)	0.0311*** (2.9733)
PPE	-0.0106 (-0.2166)	0.0092 (0.4499)	0.0035 (0.0659)	-0.0147 (-0.6755)

续表

变量	(1) 分析师预测偏差大 EDF	(2) 分析师预测偏差小 EDF	(3) 分析师预测分歧度高 EDF	(4) 分析师预测分歧度低 EDF
Cash	0.0021 (0.0670)	0.0086 (0.4727)	-0.0057 (-0.1705)	0.0148 (1.0193)
Roe	-0.0644*** (-2.7550)	-0.0336* (-1.9256)	-0.0781*** (-2.9324)	-0.0414** (-2.1059)
Growth	-0.0100* (-1.8347)	-0.0028 (-1.2297)	-0.0118** (-2.2572)	-0.0039* (-1.7117)
Liq	0.0041*** (3.5281)	0.0030*** (3.6635)	0.0057*** (4.0497)	0.0022*** (3.3923)
Loss	-0.0038 (-0.5840)	0.0017 (0.3408)	0.0007 (0.0967)	-0.0030 (-0.6635)
Age	-0.0727 (-0.8693)	-0.0216 (-0.9648)	-0.0071 (-0.2337)	-0.0860* (-1.8440)
Zh	0.0019 (0.3133)	0.0011 (0.3306)	-0.0021 (-0.3250)	0.0015 (0.6658)
Ndi	0.0209 (0.3621)	-0.0361 (-1.2049)	0.0412 (0.6022)	-0.0332 (-1.1688)
Soe	0.0067 (0.3806)	0.0042 (0.5116)	-0.0002 (-0.0101)	0.0049 (0.5530)
Zturn	0.0074 (0.5796)	0.0016 (0.3177)	0.0158 (1.1613)	0.0041 (0.5657)
Dual	0.0091 (1.3370)	0.0020 (0.4882)	0.0061 (0.7506)	-0.0014 (-0.4609)
Constant	-0.3710 (-0.7957)	-0.0392 (-0.2286)	-0.7365*** (-2.8495)	0.3448 (1.2701)
Industry	Yes	Yes	Yes	Yes
Year	Yes	Yes	Yes	Yes
Firm	Yes	Yes	Yes	Yes
N	8046	8052	7538	7546
R^2	0.1106	0.0474	0.1179	0.0486

以上结果表明,资本市场能够通过强化公司治理水平和改善企业的信息环境降低企业的债务违约风险。

6.5.2 横截面测试

上述回归结果证实了资本市场开放能够通过提升企业治理水平和改善信息环境的途径降低企业的债务违约风险,具有良好的治理作用。但是,资本市场开放的债务违约风险治理效应可能会受到其他治理因素的影响。为此,本章进一步考察在不同的治理环境下,资本市场开放对债务违约风险产生的影响差异。

聘用会计师事务所规模的影响。

已有研究发现,企业聘用大规模审计机构提供财务报表审计服务,如"国际四大",能够提供高质量的审计服务,不仅可以对管理层形成监督,降低企业的代理成本和导致高审计风险的行为(权小锋等,2010;谢盛纹等,2015),还能发现并报告企业的财务报告缺陷,使投资者获得更加客观和公允的会计信息(Francis,2004),降低企业的信息不对称程度(王艳艳和陈汉文,2006;陈小林等,2013)。这些研究表明,高质量审计不仅能提升公司治理水平,还能降低企业的信息不对称程度,进而降低管理层从事损害企业价值的行为,降低企业的债务违约风险。如果资本市场开放是通过提升公司治理水平和降低企业信息不对称的方式缓解企业的债务违约风险,那么,资本市场开放对企业债务违约风险的治理效应应该在外部审计治理无法优化公司治理水平和改善信息环境的企业中表现得更加突出。

为了对此进行验证,首先,根据企业当年所聘用的会计师事务所是否为"国际四大"将样本划分为"国际四大"、非"国际四大"审计两组;其次,分别进行模型(6-1)的回归分析,回归结果列示于表6-12第(1)列和第(2)列。结果显示,在非"国际四大"审计的公司样本中,沪深港通标的公司的虚拟变量 $Hsgt$ 的回归系数为 -0.0140,在1%的水平上显著为负,但在"国际四大"审计的公司样本中却不显著,说明沪深港通交易制度的实施对企业债务违约风险的影响在非"国际四大"审计的企业中较为显著,不仅印证了本章的猜测,也说明资本市场开放与审计师监督在降低企业的债务违约风险时存在替代关系。

表 6-12　横截面测试:会计师事务所规模的调节作用

变量	(1) 非"国际四大" EDF	(2) "国际四大" EDF
Hsgt	-0.0140*** (-3.1746)	-0.0237 (-1.2699)
Size	0.0224*** (6.5812)	0.0684*** (3.6249)
Lev	0.0523*** (5.0238)	0.0642 (0.7470)
PPE	0.0204 (0.8505)	-0.1366 (-0.8885)
Cash	-0.0019 (-0.1185)	-0.0685 (-0.7609)
Roe	-0.0403*** (-3.5808)	-0.1530** (-2.0985)
Growth	-0.0079*** (-3.9286)	-0.0182 (-1.2893)
Liq	0.0036*** (6.5538)	0.0165 (1.1783)
Loss	0.0005 (0.1480)	0.0381* (1.6650)
Age	-0.0162 (-1.2225)	-0.0573 (-1.1243)
Zh	-0.0003 (-0.0999)	0.0204 (1.0705)
Ndi	0.0309 (1.0898)	0.1364 (1.0708)
Soe	0.0050 (0.7484)	-0.0453 (-0.5186)

续表

变量	(1) 非"国际四大" EDF	(2) "国际四大" EDF
$Zturn$	0.0077 (1.2130)	0.0902*** (2.6222)
$Dual$	0.0030 (0.9223)	0.0355* (1.6507)
$Constant$	-0.4049*** (-3.6581)	-0.9352 (-1.4785)
Industry	Yes	Yes
Year	Yes	Yes
Firm	Yes	Yes
N	17168	1186
R^2	0.0681	0.1914

6.5.3 标的股票交易活跃度的影响

结合香港特别行政区投资者参与"沪深股通"标的股票交易的程度，香港联合交易所会披露每个交易日活跃程度最高的前十名企业。成交活跃度较高的企业意味着该标的公司股票受到境外投资者和中介机构的关注更多，交易更多（连立帅等，2019b），因而对管理层更可能形成良好的监督和使投资者获得的信息能够更加准确及时地反映至股价，降低信息不对称程度，进而降低企业的债务违约风险。据此，本章推断资本市场开放对日交易活跃股企业债务违约风险的缓解作用更加显著。为了对此进行验证，同第4章的处理方法类似，本章将样本限定在沪深港通标的企业，并设置 Active 变量进行回归分析，表6-13第（1）列列示了该回归结果。结果显示，Active 的回归系数为-0.0146，且在1%的水平上显著为负，该结果表明资本市场开放对企业债务违约风险的缓解作用会随着股票交易活跃度的增加而增强。说明交易活跃度越高的标的企业，降低债务违约风险的作用越明显，验证了本章的猜测。

表 6-13　　标的股票交易活跃度的影响

变量	(1)
	EDF
Active	-0.0146***
	(-3.0499)
Size	0.0147***
	(4.9256)
Lev	0.1207***
	(6.3985)
PPE	-0.0106
	(-0.2605)
Cash	-0.0062
	(-0.1605)
Roe	-0.0534**
	(-2.2358)
Growth	-0.0051
	(-1.2856)
Liq	0.0086***
	(6.2962)
Loss	-0.0030
	(-0.2542)
Age	0.0000
	(0.1361)
Zh	0.0014
	(0.4826)
Ndi	0.0126
	(0.2532)
Soe	-0.0030
	(-0.5410)
Zturn	0.0009
	(0.1949)
Dual	0.0030
	(0.5433)

续表

变量	(1)
	EDF
Constant	-0.4026***
	(-6.0361)
Industry	Yes
Year	Yes
N	3212
R^2	0.0637

6.5.4 考虑负债程度的影响

资本市场开放对企业债务违约风险的影响会受到企业负债水平是否符合最优资本结构的影响。相对于负债适度的公司，负债程度高于最优负债水平的公司，不仅因难以取得银行贷款而面临较高的再融资风险（许晓芳等，2020），还会因管理层构建商业帝国动机导致的过度负债，使企业处于较高的债务违约风险中。反之，在负债程度低于最优负债水平的公司，企业的再融资风险和债务违约风险更低，利用资本市场开放降低债务违约风险的需求相对较低。所以，在过度负债的企业中，因较高的再融资风险和债务违约风险不仅会增加对资本市场开放该种治理机制的需求，而且资本市场开放带来的境外投资者和更多的资本市场中介机构的关注增加了对企业风险行为的监督，增加了企业高债务风险暴露的可能性，在这样的双重打击下，过度负债公司会更加有动机通过约束管理层行为和提升信息透明度的方式，降低企业的债务违约风险。

为了验证此猜想，本章借鉴 Harford 等（2009）、Denis 和 Mckeon（2012）、陆正飞等（2015）的研究，利用回归模型（6-6）对样本进行分年度分行业回归，并利用其拟合值预测企业的目标负债率 $Tlev$。

$$Lev_{i,t} = \beta_0 + \beta_1 Soe_{i,t-1} + \beta_2 Roe_{i,t-1} + \beta_3 Size_{i,t-1} + \beta_4 PPE2_{i,t-1} + \beta_5 Ag_{i,t-1}$$
$$+ \beta_6 Lev\_ind_{i,t-1} + \beta_6 First_{i,t-1} + \varepsilon_{i,t} \quad (6-6)$$

其中 Ag 为总资产增长率、Lev_ind 为行业杠杆率的中位数、$PPE2$ 为固定资产占比、$First$ 为第一大股东持股比例，其他变量定义同模型（6-1）。当实

际杠杆率 Lev 高于目标杠杆率 $Tlev$ 时，定义为过度负债组，实际杠杆率 Lev 低于目标杠杆率 $Tlev$ 时，定义为负债不足组。同时借鉴封铁英（2006）的研究，将实际杠杆率高于样本中位数的企业定义为过度负债企业，实际杠杆率低于样本中位数的企业定义为负债不足企业。然后将样本分为过度负债组和负债不足组进行模型（6-1）的回归分析，回归结果列示于表 6-14 第（1）列至第（4）列。结果显示，在企业杠杆过高和过度负债的企业中，虚拟变量 $Hsgt$ 的回归系数分别为 -0.0301 和 -0.0336，均在 1% 的水平上显著为负，而在企业杠杆过低和非过度负债企业中，该回归系数却不显著，验证了本章的猜测。说明资本市场开放对企业债务违约风险的治理效应在过度负债的企业中更加显著。

表 6-14　负债程度分组：企业杠杆率和是否过度负债的影响

变量	(1) 企业杠杆高 EDF	(2) 企业杠杆低 EDF	(3) 过度负债组 EDF	(4) 非过度负债组 EDF
$Hsgt$	-0.0301*** (-3.5821)	-0.0001 (-1.0968)	-0.0336*** (-3.8775)	-0.0028 (-0.7303)
$Size$	0.0400*** (7.0740)	0.0001 (0.9164)	0.0330*** (5.7423)	0.0192*** (4.2773)
Lev	0.1077*** (4.7108)	-0.0003 (-0.8798)	0.0694*** (3.3826)	0.0139 (1.5117)
PPE	-0.0138 (-0.2761)	0.0001 (0.7782)	0.0163 (0.3409)	-0.0049 (-0.2555)
$Cash$	-0.0303 (-1.1420)	-0.0009 (-1.5180)	-0.0191 (-0.7291)	0.0024 (0.1830)
Roe	-0.0506*** (-3.2858)	-0.0001 (-0.1943)	-0.0581*** (-3.4009)	-0.0202* (-1.7770)
$Growth$	-0.0130*** (-3.6194)	-0.0001 (-1.1550)	-0.0118*** (-3.0188)	-0.0050*** (-2.6645)
Liq	0.0103 (1.5878)	0.0000 (0.4427)	0.0111*** (3.8124)	0.0010*** (3.0540)
$Loss$	0.0109* (1.9035)	0.0001 (1.1545)	0.0088 (1.5477)	0.0010 (0.4304)

续表

变量	(1) 企业杠杆高 EDF	(2) 企业杠杆低 EDF	(3) 过度负债组 EDF	(4) 非过度负债组 EDF
Age	-0.0211 (-1.2991)	0.0001 (0.8824)	-0.0210 (-1.2950)	-0.0006 (-0.2148)
Zh	0.0030 (0.5051)	-0.0000 (-0.9892)	0.0003 (0.0517)	0.0038 (1.4479)
Ndi	0.0354 (0.6429)	0.0001 (0.3278)	0.0721 (1.2184)	-0.0380 (-1.6138)
Soe	0.0040 (0.3189)	-0.0001 (-1.0793)	0.0031 (0.2549)	0.0072 (0.8492)
$Zturn$	0.0213** (2.0234)	0.0002 (1.2632)	0.0093 (0.9326)	0.0128** (2.1220)
$Dual$	0.0091 (1.2241)	0.0000 (0.2910)	0.0068 (1.0353)	0.0034 (1.1889)
$Constant$	-0.7688*** (-4.1652)	-0.0027 (-0.8461)	-0.5771*** (-3.4281)	-0.3776*** (-3.9046)
Industry	Yes	Yes	Yes	Yes
Year	Yes	Yes	Yes	Yes
Firm	Yes	Yes	Yes	Yes
N	9177	9177	8667	9687
R^2	0.1433	0.0357	0.1252	0.0373

6.6 本章小结

债务违约风险不仅会增加企业陷入财务困境的可能,还会影响资本市场和宏观经济的稳定性,如何降低企业的债务违约风险不仅是企业健康发展,亦是保证金融稳定的重要保障。本章以沪深港通交易制度的实施为准自然实验场景,以债务违约风险为切入点,利用我国沪深 A 股上市公司 2009~2020 年的财务数据，深入探讨资本市场开放能否对债务违约风险起到有效的治理作用。研究结果表明：第一，资本市场开放显著降低了标的企业的债务违约风险；第二，机制分析结果表明，资本市场开放主要通过提升企业治理水平和改善企业信息环境的途径降低企业的债务违约风险；第三，基于治理环境的分组结果表明，当企业聘用非"国际四大"会计师事务所时，资本市场开放对企业债务违约风险的降低作用更加明显；第四，其他进一步分析结果表明，当标的股票在香港交易所的交易活跃度较高时、企业杠杆率过高和企业过度负债时，资本市场开放对企业债务违约风险的降低作用更加明显。

第 7 章

研究结论与启示

7.1 研究结论

自 2008 年金融危机以来,在追求 GDP 高速增长以及"债务驱动投资"的增长模式下,我国非金融企业的债务规模节节攀升,使债务市场面临的风险也越来越大,在此过程中,实体经济主要面临着较高的运行风险和债务违约风险。党的十九大以来,防控重大金融风险一直是政府工作的重点,因此,如何降低企业面临的各类债务风险成为政府和学术界共同关注的话题。资本市场开放作为金融制度改革的重要举措,其引入的境外投资者可以优化企业信息环境和强化公司治理,对企业起到很好的治理作用。然而,截至目前,尚未有立足于我国资本市场开放视角的研究,研究资本市场开放对企业债务风险的治理作用。本研究基于这样的现实背景,以委托代理理论、信息不对称理论、优序融资理论以及期限匹配理论为基础,考察资本市场开放对企业高杠杆风险、投融资期限错配和债务违约风险产生的影响及其作用机制。本研究以沪深港通交易制度的实施为准自然实验,利用我国 A 股上市公司 2009~2020 年的财务数据对上述问题进行实证检验,经过检验,本研究主要得到以下结论:

第一,资本市场开放有助于降低标的企业的高杠杆风险。具体表现为:(1) 在成为沪深港通标的企业后,其杠杆率显著下降,而且当管理层持股比例较高、股票交易活跃度较高时,该降低作用表现得更加明显;(2) 资本市场开放显著降低了标的企业的短期杠杆率、长期杠杆率、商业信用杠杆率和银行贷款杠杆率;(3)资本市场开放促使标的企业更愿意选择以"增权"的方式来降低企业杠杆率;(4)从治理环境分组的结果来看,当企业无 QFII 持股、聘用非"国际四大"会计师事务所时,资本市场开放对企业杠杆率的降低作用更加明显;(5)从降杠杆的结果来看,一是资本市场开放对杠杆率的降低作用主要存在于过度负债的企业样本中,降低了负债水平较高企业的"坏杠杆",保留了负债水平较低企业的"好杠杆"。二是资本市场开放能够显著提升标的企业资本结构的动态调整速度,使企业的资本结构更加优化。

第二,资本市场开放有助于缓解标的企业的投融资期限错配,即降低企业的流动性风险。具体表现在:(1)在成为沪深港通标的企业后,其投融资期限错配有所缓解;(2)资本市场开放通过缓解企业融资约束和约束管理层的非理性行为,降低企业的投融资期限错配;(3)从治理环境分组的结果来看,当企业无 QFII 持股、聘用非"国际四大"会计师事务所时,资本市场开放对企业投融资期限错配的缓解作用更加明显;(4)从其他进一步分析结果来看,当标的股票在香港交易的交易活跃度较高时,资本市场开放对企业投融资期限错配的缓解作用更加明显。

第三,资本市场开放有助于降低标的企业的债务违约风险。具体表现在:(1)在成为沪深港通标的企业后,其债务违约风险显著得到缓解;(2)资本市场开放通过提升公司治理水平和改善企业信息环境,降低管理层从事损害企业价值的行为,从而降低标的企业的债务违约风险;(3)从治理环境的分组结果来看,当企业聘用非"国际四大"会计师事务所时,资本市场开放对企业债务违约风险的降低作用更加明显;(4)从其他进一步测试的结果来看,当标的股票的交易活跃度较高、企业杠杆过高和过度负债时,资本市场开放对企业债务违约风险的降低作用更加明显。

7.2 研究启示与政策建议

本研究结果表明,资本市场开放能够通过优化信息环境和加强公司治理的方式缓解企业的债务风险,保证金融市场的稳定性。这意味着,资本市场开放已经成为我国治理债务风险的市场化机制之一，该研究结论对企业以及外部监管者都具有一定的启示作用。

7.2.1 对企业的启示及建议

第一，企业要充分利用市场化的手段来强化公司治理水平和改善企业信息环境，降低管理层损害企业价值的行为，从而降低企业的债务风险。资本市场开放引入的境外投资者属于市场化的监督机制，这类监督机制可以对管理层形成市场压力，使管理层有动机来降低企业的高风险行为，并使管理层更加偏好内源融资和股权融资方式，降低企业对外部债务资金的依赖，从而降低企业的债务风险。这类治理方式不仅提升了企业内源融资和股权融资能力，还降低了企业的债务风险，在保证收益的同时，还降低了企业风险，达到双管齐下的目的，是值得借鉴的降低债务风险的方式。

第二，企业应该使用更加积极和稳妥的"增权"方式降低企业的高杠杆风险。资本市场开放能够通过增加内源融资和股权融资的形式降低企业杠杆率，这种降低杠杆的效果不仅能够降低过度负债企业的"坏杠杆"，保留负债不足企业的"好杠杆"，还可以提升企业资本结构的动态调整速度，优化企业的资本结构。所以，企业应该增加内源融资和股权融资，利用积极且稳妥的直接融资方式降低企业杠杆率，如此可以避免降杠杆带来的负面效应。

7.2.2 对监管者的启示及建议

第一，继续加大力度对外开放资本市场，助力发挥资本市场服务实体经济的功能。从本研究结论来看，资本市场开放：一是通过市场化的监督机制约束管理层的机会主义行为和降低企业的股权融资成本，以增加企业内源融资和股权融资，进而降低企业的高杠杆风险。二是通过优化企业的信息环境和增加市场监督机制来缓解企业的融资约束和约束管理层的非理性行为，从而改善企业的投融资期限错配，缓解其流动性风险。三是通过提升公司治理水平和改善企业信息环境，降低管理层从事损害企业价值的行为，从而降低企业的债务违约风险。因此，本研究建议政府部门在强调资本市场服务于实体经济的背景下，可继续加大力度开放资本市场，引入不同的资金、不同的中介机构、不同的投资者类型，优化公司信息环境和提升公司治理水平，以降低企业的债务风险，保证金融市场的稳定运行。

第二，积极推广资本市场开放带来的"用脚投票"的治理方式在我国资本市场上的应用。本研究结论发现，当企业其他治理环境较弱时，资本市场开放该治理模式会显著降低企业的债务风险，起到应有的治理作用，证明了资本市场开放该种治理模式会对企业的其他治理模式产生替代作用。所以当企业的其他治理环境较弱时，我们要充分利用该市场化治理模式，保证我国企业的健康长远发展和资本市场的有效运行，并维护金融稳定。

7.3 研究局限和未来的展望

虽然本研究对于资本市场开放、企业杠杆率、企业投融资期限错配和债务违约风险四方面的研究均有所拓展，有一定的现实意义。但是本文仍存在一些不足之处：

第一，本研究在资本市场开放的衡量方法上不够深入。虽然大多数研究仅从沪深港通标的公司虚拟变量的视角考察了资本市场开放的经济后果，但是有少许研究利用境外资金通过沪深港通持有上市公司的比例对资本市场开放的业绩效应和市场表现进行了实证检验。本研究一是采用沪深港通标的公司的虚拟变量，利用 DID 模型实证检验了进入沪深港通名单的上市公司，其债务风险确实有所下降；二是采用标的公司是否为十大活跃成交股的虚拟变量，验证了相比成交活跃度较低的公司，成交活跃度较高公司的债务风险下降更明显。但本研究并未就境外投资者的持股比例进行异质性分析，这是本研究的不足，也是我们未来进一步挖掘资本市场开放对企业债务风险影响的方向。

第二，本研究仍然存在较大的内生性问题。本研究虽然基于准自然实验场景，利用分层 DID 模型在较好解决内生性问题的基础上得到了资本市场开放可以降低标的企业债务风险的结论，但是可能存在进入沪深港通标的名单的企业不是随机的情形,虽然利用PSM的方法进行了匹配,但无法避免由于无法观测的因素导致上市公司进入沪深港通标的的名单,进而导致样本的选择性偏误,这会在一定程度上导致本研究结论仍然存在偏差。这是本研究的不足之处,在未来的研究中,我们要尽可能使用多种方式、多协变量的匹配方法,使研究结果不受样本选择的干扰。

第三,本研究未就实质性债务违约进行检验。本书第六章内容研究了资本市场开放对企业债务违约事前风险的影响,由于我国实质性债务违约数据的缺失,本研究并未就资本市场开放是否真正降低了企业的实质性债务违约进行考量。这是本研究的不足之处,亦是本研究以后要努力深入挖掘的方向,我们打算通过阅读企业的年报、搜集关于企业实质性违约的信息,以进一步考察资本市场开放是否能对实质性债务违约起到治理作用。

参 考 文 献

[1] 白云霞,邱穆青,李伟. 投融资期限错配及其制度解释——来自中美两国金融市场的比较 [J]. 中国工业经济,2016,7:23-39.

[2] 曹书军,刘星,杨晋渝. 审计质量特征、客户规模与公司权益资本成本 [J]. 山西财经大学学报,2012,8:117-124.

[3] 常莹莹,曾泉. 环境信息透明度与企业信用评级——基于债券评级市场的经验证据 [J]. 金融研究,2019,5:132-151.

[4] 车树林. 政府债务对企业杠杆的影响存在挤出效应吗?——来自中国的经验证据 [J]. 国际金融研究,2019,1:86-96.

[5] 陈达飞,邵宇,杨小海. 再平衡:去杠杆与稳增长——基于存量-流量一致模型的分析 [J]. 财经研究,2018,10:4-23.

[6] 陈德球,刘经纬,董志勇. 社会破产成本、企业债务违约与信贷资金配置效率 [J]. 金融研究,2013b,11:68-81.

[7] 陈德球,肖泽忠,董志勇. 家族控制权结构与银行信贷合约:寻租还是效率?[J]. 管理世界,2013a,9:130-143.

[8] 陈晖丽,刘峰. 融资融券的治理效应研究——基于公司盈余管理的视角 [J]. 会计研究,2014,9:45-52,96.

[9] 陈婧,张金丹,方军雄. 公司债务违约风险影响审计收费吗?[J]. 财贸经济,2018,5:71-87.

[10] 陈坤. 资本市场开放与高管薪酬契约——基于契约效率与公平的视角 [D]. 成都:西南财经大学,2021.

[11] 陈胜蓝,李然,王璟. 卖空交易与公司违约风险 [J]. 金融论坛,

2020, 11: 49 – 58.

[12] 陈晓辉, 刘志远, 隋敏, 官小燕. 最低工资与企业投融资期限错配 [J]. 经济管理, 2021, 6: 100 – 116.

[13] 陈小林, 王玉涛, 陈运森. 事务所规模、审计行业专长与知情交易概率 [J]. 会计研究, 2013, 2: 69 – 77, 95.

[14] 陈颖, 缪海斌. 降杠杆会抑制经济增长吗?——国际实证与中国观察 [J]. 国际金融研究, 2018, 8: 3 – 12.

[15] 陈运森, 黄健峤. 股票市场开放与企业投资效率——基于"沪港通"的准自然实验 [J]. 金融研究, 2019, 8: 151 – 170.

[16] 陈运森, 黄健峤, 韩慧云. 股票市场开放提高现金股利水平了吗?——基于"沪港通"的准自然实验 [J]. 会计研究, 2019, 3: 55 – 62.

[17] 程利敏, 唐建新, 徐飞, 陈冬. 资本市场开放与上市公司资本结构调整——基于陆港通的实验检验 [J]. 国际金融研究, 2019, 10: 86 – 96.

[18] 仇荣国, 张建华. 中国中小上市公司信用违约风险影响因素研究——基于273家深市中小上市公司5年面板数据的实证检验 [J]. 求索, 2010, 4: 28 – 30.

[19] 褚剑, 方军雄. 中国式融资融券制度安排与股价崩盘风险的恶化 [J]. 经济研究, 2016, 5: 143 – 158.

[20] 代彬, 刘星, 郝颖. 高管权力、薪酬契约与国企改革——来自国有上市公司的实证研究 [J]. 当代经济科学, 2011, 4: 90 – 98, 127.

[21] 丁剑平, 陆晓琴, 胡昊. 汇率对企业杠杆率影响的机理与效应: 来自中国企业的证据 [J]. 世界经济, 2020, 10: 74 – 96.

[22] 丁龙飞, 谢获宝, 韩忠雪. 子公司自主权、财务公司与短贷长投 [J]. 金融经济学研究, 2020, 4: 146 – 160.

[23] 董丰, 申广军, 焦阳. 去杠杆的分配效应——来自中国工业部门的证据 [J]. 经济学(季刊), 2020, 2: 451 – 472.

[24] 董小红, 周雅茹, 戴德明. 或有事项信息披露影响企业违约风险吗? [J]. 现代财经(天津财经大学学报), 2020, 11: 37 – 52.

[25] 范文林, 胡明生. 固定资产加速折旧政策与企业短贷长投 [J]. 经

济管理, 2020, 10: 174-191.

[26] 冯丽艳, 肖翔, 张靖. 企业社会责任影响债务违约风险的内在机制——基于经营能力和经营风险的中介传导效应分析 [J]. 华东经济管理, 2016a, 4: 140-148.

[27] 冯丽艳, 肖翔, 赵天骄. 企业社会责任与债务违约风险——基于 ISO 26000 社会责任指南的原则和实践的分析 [J]. 财经理论与实践, 2016b, 4: 56-64.

[28] 封铁英. 资本结构选择偏好与企业绩效的关系研究——基于上市公司"过度负债"与"财务保守"行为的实证分析 [J]. 科研管理, 2006, 6: 54-61.

[29] 干胜道, 胡明霞. 管理层权力、内部控制与过度投资——基于国有上市公司的证据 [J]. 审计与经济研究, 2014, 5: 40-47.

[30] 官汝凯. 要素市场联动: 最低工资与企业杠杆率 [J]. 财经研究, 2020, 12: 109-123.

[31] 顾乃康, 周艳利. 卖空的事前威慑、公司治理与企业融资行为——基于融资融券制度的准自然实验检验 [J]. 管理世界, 2017, 2: 120-134.

[32] 郭婧, 张新民. 企业战略激进、信贷周期与债务违约 [J]. 外国经济与管理, 2021, 7: 38-53.

[33] 郭文伟, 周媛. 杠杆结构、债务效率与经济增长质量 [J]. 南方金融, 2019, 12: 8-21.

[34] 郭阳生, 沈烈, 郭枚香. 沪港通改善了上市公司信息环境吗?——基于分析师关注度的视角 [J]. 证券市场导报, 2018, 10: 35-43, 50.

[35] 郭玉清, 张妍. "去杠杆"与"降成本"的政策协同: 机制分析与经验证据 [J]. 经济与管理评论, 2021, 4: 44-57.

[36] 洪锡熙, 沈艺峰. 我国上市公司资本结构影响因素的实证分析 [J]. 厦门大学学报 (哲学社会科学版), 2000, 3: 114-120.

[37] 胡育蓉, 齐结斌, 楼东玮. 企业杠杆率动态调整效应与"去杠杆"路径选择 [J]. 经济评论, 2019, 2: 88-100.

[38] 黄俊威, 龚光明. 融资融券制度与公司资本结构动态调整——基于

"准自然实验"的经验证据 [J]. 管理世界, 2019, 10: 64-81.

[39] 纪洋, 王旭, 谭语嫣, 黄益平. 经济政策不确定性、政府隐性担保与企业杠杆率分化 [J]. 经济学（季刊）, 2018, 2: 449-470.

[40] 蒋灵多, 陆毅. 市场竞争加剧是否助推国有企业加杠杆 [J]. 中国工业经济, 2018, 11: 155-173.

[41] 蒋灵多, 陆毅, 纪珽. 贸易自由化是否助力国有企业去杠杆 [J]. 世界经济, 2019, 9: 101-125.

[42] 蒋灵多, 张航. 国有企业改制重组与企业杠杆率 [J]. 中南财经政法大学学报, 2020, 6: 13-24.

[43] 金鹏辉, 王营, 张立光. 稳增长条件下的金融摩擦与杠杆治理 [J]. 金融研究, 2017, 4: 78-94.

[44] 赖黎, 唐芸茜, 夏晓兰, 马永强. 董事高管责任保险降低了企业风险吗？——基于短贷长投和信贷获取的视角 [J]. 管理世界, 2019, 10: 160-171.

[45] 李春涛, 刘贝贝, 周鹏, 张璇. 它山之石：QFII与上市公司信息披露 [J]. 金融研究, 2018, 12: 138-156.

[46] 李昊洋, 韩琳. 公司债务违约风险与研发支出资本化选择研究 [J]. 证券市场导报, 2020, 12: 29-35.

[47] 李华民, 任玎, 吴非, 任晓怡. 供给侧改革背景下利率市场化驱动企业去杠杆研究 [J]. 经济经纬, 2020, 1: 150-158.

[48] 李蕾, 韩立岩. 价值投资还是价值创造？——基于境内外机构投资者比较的经验研究 [J]. 经济学（季刊）, 2014, 1: 351-372.

[49] 李萌, 王近. 内部控制质量与企业债务违约风险 [J]. 国际金融研究, 2020, 8: 77-86.

[50] 李沁洋, 许年行. 资本市场对外开放与股价崩盘风险——来自沪港通的证据 [J]. 管理科学学报, 2019, 8: 108-126.

[51] 李诗瑶. 上市公司债务违约风险与股价崩盘风险 [J]. 江西社会科学, 2019, 7: 42-53.

[52] 李诗瑶, 李星汉, 管超. 债权人监督与上市公司盈余管理——基于

债务违约风险视角 [J]. 当代财经, 2020, 2: 138-148.

[53] 李四海, 江新峰. 通货膨胀预期与企业投融资期限错配 [J]. 经济管理, 2021, 3: 129-144.

[54] 李扬. 完善金融的资源配置功能——十八届三中全会中的金融改革议题 [J]. 经济研究, 2014, 1: 8-11.

[55] 李义超, 蒋振声. 上市公司资本结构与企业绩效的实证分析 [J]. 数量经济技术经济研究, 2001, 2: 118-120.

[56] 李志生, 金凌, 孔东民. 分支机构空间分布、银行竞争与企业债务决策 [J]. 经济研究, 2020, 10: 141-158.

[57] 李志生, 李好, 马伟力, 林秉旋. 融资融券交易的信息治理效应 [J]. 经济研究, 2017, 11: 150-164.

[58] 连立帅, 朱松, 陈超. 资本市场开放与股价对企业投资的引导作用：基于沪港通交易制度的经验证据 [J]. 中国工业经济, 2019a, 3: 100-118.

[59] 连立帅, 朱松, 陈关亭. 资本市场开放、非财务信息定价与企业投资——基于沪深港通交易制度的经验证据 [J]. 管理世界, 2019b, 8: 136-154.

[60] 梁上坤. 管理者过度自信、债务约束与成本粘性 [J]. 南开管理评论, 2015, 3: 122-131.

[61] 林爱杰, 梁琦, 傅国华. 数字金融发展与企业去杠杆 [J]. 管理科学, 2021, 1: 142-158.

[62] 林晚发, 刘颖斐. 信用评级调整与企业杠杆——基于融资约束的视角 [J]. 经济管理, 2019, 6: 176-193.

[63] 刘翰林, 刘家琛. 内部控制对企业投融资错配治理效应研究 [J]. 哈尔滨商业大学学报（社会科学版）, 2021, 2: 101-118.

[64] 刘莉亚, 刘冲, 陈垠帆, 周峰, 李明辉. 僵尸企业与货币政策降杠杆 [J]. 经济研究, 2019, 9: 73-89.

[65] 刘晓光, 刘元春. 杠杆率、短债长用与企业表现 [J]. 经济研究, 2019, 7: 127-141.

[66] 刘晓光,刘元春,申广军.杠杆率的收入分配效应[J].中国工业经济,2019,2:42-60.

[67] 刘晓光,刘元春,王健.杠杆率、经济增长与衰退[J].中国社会科学,2018,6:50-70,205.

[68] 刘艳霞,祁怀锦.管理者自信会影响投资效率吗?——兼论融资融券制度的公司外部治理效应[J].会计研究,2019,4:43-49.

[69] 刘一楠.企业杠杆、企业投资与供给侧改革——基于面板双门限回归模型的微观证据[J].上海经济研究,2016,12:120-129.

[70] 刘哲希,王兆瑞,刘玲君,陈彦斌.降低间接融资占比有助于去杠杆吗?——金融结构与杠杆率关系的检验[J].财贸经济,2020,2:84-98.

[71] 卢锐,魏明海,黎文靖.管理层权力、在职消费与产权效率——来自中国上市公司的证据[J].南开管理评论,2008,5:85-92,112.

[72] 陆正飞,何捷,窦欢.谁更过度负债:国有还是非国有企业?[J].经济研究,2015,12:54-67.

[73] 陆正飞,杨德明.商业信用:替代性融资,还是买方市场?[J].管理世界,2011,4:6-14,45.

[74] 罗宏,贾秀彦,陈小运.审计师对短贷长投的信息识别——基于审计意见的证据[J].审计研究,2018,6:65-72.

[75] 罗宏,贾秀彦,吴君凤.内部控制质量与企业投融资期限错配[J].国际金融研究,2021,9:76-85.

[76] 吕伟.审计师声誉、融资约束与融资能力[J].山西财经大学学报,2008,11:107-112.

[77] 马红,侯贵生,王元月.产融结合与我国企业投融资期限错配——基于上市公司经验数据的实证研究[J].南开管理评论,2018a,3:46-53.

[78] 马红,侯贵生,王元月.短贷长投对企业创新可持续性支持的实证研究[J].科技进步与对策,2018b,11:109-116.

[79] 马建堂,董小君,时红秀,徐杰,马小芳.中国的杠杆率与系统性金融风险防范[J].财贸经济,2016,1:5-21.

[80] 马勇,陈雨露.金融杠杆、杠杆波动与经济增长[J].经济研究,

2017，6：31-45.

[81] 马永强，张志远. 资本市场开放与过度负债企业去杠杆：来自"沪深港通"的经验证据[J]. 世界经济研究，2021，10：55-68，135.

[82] 孟庆斌，侯粲然，鲁冰. 企业创新与违约风险[J]. 世界经济，2019，10：169-192.

[83] 孟庆斌，侯德帅，汪叔夜. 融券卖空与股价崩盘风险——基于中国股票市场的经验证据[J]. 管理世界，2018，4：40-54.

[84] 倪骁然，朱玉杰. 卖空压力影响企业的风险行为吗？——来自A股市场的经验证据[J]. 经济学（季刊），2017，3：1173-1198.

[85] 倪志良，高正斌，张开志. 政策性负担与国有企业杠杆率：预算软约束的中介效应[J]. 产经评论，2019，3：102-114.

[86] 宁薛平，张庆君. 企业杠杆率水平、杠杆转移与金融错配——基于我国沪深A股上市公司的经验证据[J]. 南开管理评论，2020，2：98-107.

[87] 潘晶. 我国非金融企业杠杆率高企原因及去杠杆路径[J]. 武汉金融，2016，12：58-60.

[88] 潘敏，袁歌骋. 劳动保护与企业杠杆变动分化——基于《劳动合同法》实施的经验证据[J]. 经济理论与经济管理，2019，10：71-84.

[89] 潘泽清. 企业债务违约风险Logistic回归预警模型[J]. 上海经济研究，2018，8：73-83.

[90] 庞家任，张鹤，张梦洁. 资本市场开放与股权资本成本——基于沪港通、深港通的实证研究[J]. 金融研究，2020，12：169-188.

[91] 彭章，施新政，陆瑶，王浩. 失业保险与公司财务杠杆[J]. 金融研究，2021，8：152-171.

[92] 邱穆青，白云霞. 官员访问与企业投融资期限错配[J]. 财经研究，2019，10：138-152.

[93] 权小锋，吴世农，文芳. 管理层权力、私有收益与薪酬操纵[J]. 经济研究，2010，11：73-87.

[94] 任泽平，冯赟. 供给侧改革去杠杆的现状、应对、风险与投资机会[J]. 发展研究，2016，3：8-13.

[95] 阮睿,孙宇辰,唐悦,聂辉华.资本市场开放能否提高企业信息披露质量?——基于"沪港通"和年报文本挖掘的分析[J].金融研究,2021,2:188-206.

[96] 申广军,张延,王荣.结构性减税与企业去杠杆[J].金融研究,2018,12:105-122.

[97] 沈红波,华凌昊,郎宁.地方国有企业的投融资期限错配:成因与治理[J].财贸经济,2019,1:70-82.

[98] 沈璐,陈祖英.企业金融资产配置与投融资期限错配:抑制还是加剧[J].金融监管研究,2020,10:98-114.

[99] 盛明泉,任侨,鲍群."短贷长投"与全要素生产率关系研究[J].亚太经济,2020,1:116-126.

[100] 施本植,汤海滨.什么样的杠杆率有利于企业高质量发展[J].财经科学,2019,7:80-94.

[101] 司登奎,赵冰,刘喜华,李小林.汇率政策不确定性与企业杠杆率[J].财经研究,2020,12:124-137.

[102] 苏丹妮,丛聪.服务业开放、盈利能力与制造业企业杠杆率[J].中南财经政法大学学报,2020,4:120-128.

[103] 孙凤娥.投融资期限错配:制度缺陷还是管理者非理性[J].金融经济学研究,2019a,1:94-110.

[104] 孙凤娥."短贷长投"是企业的被迫行为吗?——基于管理者过度自信的视角[J].财经论丛,2019b,6:73-82.

[105] 孙凤娥."短贷长投"缘何传染?——基于行业同群效应的视角[J].南京审计大学学报,2021,3:81-91.

[106] 孙铮,李增泉,王景斌.所有权性质、会计信息与债务契约——来自我国上市公司的经验证据[J].管理世界,2006,10:100-107,149.

[107] 孙铮,刘凤委,李增泉.市场化程度、政府干预与企业债务期限结构——来自我国上市公司的经验证据[J].经济研究,2005,5:52-63.

[108] 谭春枝,闫宇聪.企业债务违约风险影响股票流动性吗?[J].暨南学报(哲学社会科学版),2020,9:84-102.

[109] 谭小芬, 李源. 新兴市场国家非金融企业债务: 现状、成因、风险与对策 [J]. 国际经济评论, 2018, 5: 61-77.

[110] 谭小芬, 李源, 王可心. 金融结构与非金融企业"去杠杆" [J]. 中国工业经济, 2019, 2: 23-41.

[111] 谭小芬, 徐慧伦, 董兵兵. 中国非金融企业杠杆率的结构性特征及其演变趋势 [J]. 国际经济评论, 2020, 2: 124-146.

[112] 谭小芬, 尹碧娇. 中国非金融企业杠杆率: 现状和对策 [J]. 中国外汇, 2016, 11: 20-22.

[113] 王百强, 鲍睿, 李馨子, 牛煜皓. 控股股东股权质押压力与企业短贷长投: 基于质押价格的经验研究 [J]. 会计研究, 2021, 7: 85-98.

[114] 王博, 李力, 郝大鹏. 货币政策不确定性、违约风险与宏观经济波动 [J]. 经济研究, 2019, 3: 119-134.

[115] 王昶, 焦娟妮. 国际战略投资者引进对国有企业绩效影响的评价与实证研究 [J]. 南开管理评论, 2009, 2: 11-19.

[116] 王红建, 杨筝, 阮刚铭, 曹瑜强. 放松利率管制、过度负债与债务期限结构 [J]. 金融研究, 2018, 2: 100-117.

[117] 王化成, 侯粲然, 刘欢. 战略定位差异、业绩期望差距与企业违约风险 [J]. 南开管理评论, 2019, 4: 4-19.

[118] 王娟, 杨凤林. 中国上市公司资本结构影响因素的最新研究 [J]. 国际金融研究, 2002, 8: 45-52.

[119] 王连军. 金融发展、财务柔性与公司去杠杆——来自我国上市公司的经验研究 [J]. 当代财经, 2018, 6: 50-62.

[120] 王艳艳, 陈汉文. 审计质量与会计信息透明度——来自中国上市公司的经验数据 [J]. 会计研究, 2006, 4: 9-15.

[121] 汪勇, 马新彬, 周俊仰. 货币政策与异质性企业杠杆率——基于纵向产业结构的视角 [J]. 金融研究, 2018, 5: 47-64.

[122] 王宇, 杨娉. 我国高杠杆的成因及治理 [J]. 南方金融, 2016, 1: 5-9.

[123] 王玉泽, 罗能生, 刘文彬. 什么样的杠杆率有利于企业创新 [J].

中国工业经济, 2019, 3: 138-155.

[124] 王跃堂, 赵子夜, 魏晓雁. 董事会的独立性是否影响公司绩效? [J]. 经济研究, 2006, 5: 62-73.

[125] 魏志华, 曾爱民, 李博. 金融生态环境与企业融资约束——基于中国上市公司的实证研究 [J]. 会计研究, 2014, 5: 73-80.

[126] 温忠麟, 张雷, 侯杰泰, 刘红云. 中介效应检验程序及其应用 [J]. 心理学报, 2004, 5: 614-620.

[127] 武力超, 乔鑫皓, 陈玉春, 黄颖. 资本结构对企业绩效影响的新证据——基于产品市场竞争程度的研究 [J]. 金融论坛, 2016, 8: 62-80.

[128] 肖继辉, 李辉煌. 银行业竞争与微观企业投融资期限错配 [J]. 南京审计大学学报, 2019, 3: 38-45.

[129] 肖志超, 郑国坚, 蔡贵龙. 企业债务违约风险与货币政策立场——微观财务信息的宏观预测价值 [J]. 南方经济, 2021, 2: 51-65.

[130] 谢盛纹, 蒋煦涵, 闫焕民. 高质量审计、管理层权力与代理成本 [J]. 当代财经, 2015, 3: 109-118.

[131] 邢洋, 戚开元. 境外机构投资者持股对战略性新兴产业融资约束的影响——基于生命周期异质性视角 [J]. 投资研究, 2019, 7: 131-146.

[132] 许红梅, 李春涛. 劳动保护、社保压力与企业违约风险——基于《社会保险法》实施的研究 [J]. 金融研究, 2020, 3: 115-133.

[133] 许晓芳, 周茜, 陆正飞. 过度负债企业去杠杆: 程度、持续性及政策效应——来自中国上市公司的证据 [J]. 经济研究, 2020, 8: 89-104.

[134] 徐亚琴, 陈娇娇. 利率市场化能抑制企业投融资期限错配吗? [J]. 审计与经济研究, 2020, 5: 116-127.

[135] 杨楠, 谭小芬. 我国企业去杠杆的途径与建议 [J]. 中国国情国力, 2016, 11: 65-67.

[136] 杨胜刚, 钟先茜, 姚彦铭. 资本市场对外开放与企业融资约束——来自沪港通的证据 [J]. 财经理论与实践, 2020, 5: 36-43.

[137] 叶康涛, 祝继高, 陆正飞, 张然. 独立董事的独立性: 基于董事会投票的证据 [J]. 经济研究, 2011, 1: 126-139.

[138] 叶志锋, 胡玉明. 盈余管理、债权保护与债务违约率——来自中国证券市场的证据 [J]. 山西财经大学学报, 2009, 11: 67-73.

[139] 叶志伟, 张新民, 胡聪慧. 企业为何短贷长投?——基于企业战略视角的解释 [J/OL]. 南开管理评论, 2021, 10: 1-30.

[140] 于博. 技术创新推动企业去杠杆了吗?——影响机理与加速机制 [J]. 财经研究, 2017, 11: 113-127.

[141] 于博, 吴菡虹. 沪港通的绩效增长与反向选择效应——兼论实现高质量增长的资本市场改革路径 [J]. 财贸经济, 2020, 2: 54-68.

[142] 于丽峰, 唐涯, 徐建国. 融资约束、股价信息含量与投资-股价敏感性 [J]. 金融研究, 2014, 11: 159-174.

[143] 余明桂, 夏新平, 邹振松. 管理者过度自信与企业激进负债行为 [J]. 管理世界, 2006, 8: 104-112.

[144] 张金昌, 杨国丽, 周亚平. 流动资金需求测算方法研究 [J]. 中国工业经济, 2016, 5: 144-160.

[145] 张靖, 肖翔, 李晓月. 环境不确定性、企业社会责任与债务违约风险——基于中国A股上市公司的经验研究 [J]. 经济经纬, 2018, 5: 136-142.

[146] 张军, 周亚虹, 于晓宇. 企业金融化的同伴效应与实体部门经营风险 [J]. 财贸经济, 2021, 8: 67-80.

[147] 张庆君, 白文娟. 资本市场开放、股票流动性与债务违约风险——来自"沪港通"的经验证据 [J]. 金融经济学研究, 2020, 5: 78-95.

[148] 张庆君, 闵晓莹. 财政分权、地方政府债务与企业杠杆: 刺激还是抑制 [J]. 财政研究, 2019, 11: 51-63.

[149] 张晓晶, 常欣. 去杠杆: 数据、风险与对策 [J]. China Economist, 2017, 1: 2-37.

[150] 张新民, 叶志伟. 得"信"者多助?——社会信任能缓解企业短贷长投吗? [J]. 外国经济与管理, 2021, 1: 44-57.

[151] 张兴亮, 夏成才. 会计信息透明度、政治关联与信贷资金配置效率——来自中国民营上市公司的经验证据 [J]. 证券市场导报, 2015, 7: 36-45.

[152] 张学勇,何姣,陶醉. 会计师事务所声誉能有效降低上市公司权益资本成本吗? [J]. 审计研究, 2014, 5: 86-93.

[153] 张志宏,王品. 企业纳税诚信对债务违约风险影响的实证检验 [J]. 统计与决策, 2020, 13: 171-174.

[154] 赵东,王爱群,闫盼盼. 资本市场开放与超额在职消费——基于"陆港通"的准自然实验 [J]. 证券市场导报, 2020, 10: 60-71.

[155] 郑红,海玉珍,喻懋,高上. 短贷长投、内部控制与企业绩效 [J]. 上海金融, 2021, 2: 71-79.

[156] 郑曼妮,黎文靖,柳建华. 利率市场化与过度负债企业降杠杆: 资本结构动态调整视角 [J]. 世界经济, 2018, 8: 149-170.

[157] 支晓强,王瑶,侯德帅. 资本市场开放能抑制企业避税吗?——基于沪港通的准自然实验 [J]. 经济理论与经济管理, 2021, 2: 70-84.

[158] 钟凯,程小可,张伟华. 货币政策适度水平与企业"短贷长投"之谜 [J]. 管理世界, 2016, 3: 87-98.

[159] 钟凯,邓雅文,董晓丹. 短贷长投与企业风险 [J]. 财务研究, 2019, 6: 94-104.

[160] 钟凯,刘金钊,王化成. 家族控制权会加剧企业资金期限结构错配吗?——来自中国非国有上市公司的经验证据 [J]. 会计与经济研究, 2018a, 2: 3-20.

[161] 钟凯,孙昌玲,王永妍,王化成. 资本市场对外开放与股价异质性波动——来自"沪港通"的经验证据 [J]. 金融研究, 2018b, 7: 174-192.

[162] 钟宁桦,刘志阔,何嘉鑫,苏楚林. 我国企业债务的结构性问题 [J]. 经济研究, 2016, 7: 102-117.

[163] 钟覃琳,陆正飞. 资本市场开放能提高股价信息含量吗?——基于"沪港通"效应的实证检验 [J]. 管理世界, 2018, 1: 169-179.

[164] 周茜,许晓芳,陆正飞. 去杠杆,究竟谁更积极与稳妥? [J]. 管理世界, 2020, 8: 127-148.

[165] 邹洋,张瑞君,孟庆斌,侯德帅. 资本市场开放能抑制上市公司违

规吗？——来自"沪港通"的经验证据 [J]. 中国软科学，2019，8：120-134.

[166] Acharya, V. V., D. Gale, T. Yorulmazer. Rollover Risk and Market Freezes [J]. The Journal of Finance, 2011, 66 (4): 1177-1209.

[167] Aggarwal, R., I. Erel, M. Ferreira, P. Matos. Does Governance Travel around the World? Evidence from Institutional Investors [J]. Journal of Financial Economics, 2011, 100 (1): 154-181.

[168] Agrawal, A. K., D. A. Matsa. Labor Unemployment Risk and Corporate Financing Decisions [J]. Journal of Financial Economics, 2013, 108 (2): 449-470.

[169] Ahmad, R., Y. Habib. Overconfident Managers and External Financing Choice: Evidence from Pakistan [J]. Social Science Electronic Publishing, 2018, 1: 1-11.

[170] Akerlof, G. A. The Market for "Lemons": Qualitative Uncertainty and the Market Mechanism [J]. The Quarterly Journal of Economics, 1970, 84 (3): 488-500.

[171] Ali, S., B. Liu, J. J. Su. Does Corporate Governance Quality Affect Default Risk? The Role of Growth Opportunities and Stock Liquidity [J]. International Review of Economics & Finance, 2018, 58 (11): 422-448.

[172] Allen, F., J. Qian, M. Qian. Law, Finance, and Economic Growth in China [J]. Journal of Financial Economics, 2005, 77 (1): 57-116.

[173] Anderson, E. W., S. A. Mansi. Does Customer Satisfaction Matter to Investors? Findings from the Bond Market [J]. Journal of Marketing Research, 2009, 46 (5): 703-714.

[174] Armstrong, C. S., W. R. Guay, J. P. Weber. The Role of Information and Financial Reporting in Corporate Governance and Debt Contracting [J]. Journal of Accounting and Economics, 2010, 50 (2-3): 179-234.

[175] Bae, K. H., A. Ozoguz, H. Tan, T. S. Wirjanto. Do Foreigners Facilitate Information Transmission in Emerging Markets? [J]. Journal of Financial Economics, 2012, 105 (1): 209-227.

[176] Bae, K. H. , K. Chan, A. Ng. Investibility and Return Volatility [J]. Journal of Financial Economics, 2004, 71 (2): 239 – 263.

[177] Bae, K. H. , V. K. Goyal. Equity Market Liberalization and Corporate Governance [J]. Journal of Corporate Finance, 2010, 16 (5): 609 – 621.

[178] Bae, K. H. , W. Bailey, C. X. Mao. Stock Market Liberalization and the Information Environment [J]. Journal of International Money & Finance, 2006, 25 (3): 404 – 428.

[179] Baghdadi, G. , L. Nguyen, E. Podolski. Board Independence and Default Risk. SSRN Electronic Journal, 2019.

[180] Balachandran, B. , H. N. Duong, T. V. Zijl, A. Zudana. Does Threat of Takeover Affect Default Risk? [M]. Social Science Electronic Publishing, 2019.

[181] Banerjee, S. , M. Humphery – Jenner, V. Nanda. Restraining Overconfident CEOs through Improved Governance: Evidence from the Sarbanes – Oxley Act [J]. Review of Financial Studies, 2015, 28 (10): 2812 – 2858.

[182] Becchetti, L. , J. Sierra. Bankruptcy Risk and Productive Efficiency in Manufacturing Firms [J]. Journal of Banking & Finance, 2003, 27 (11): 2099 – 2120.

[183] Bekaert, G. , C. R. Harvey. Emerging Equity Market Volatility [J]. Journal of Financial Economics, 1997, 43 (1): 29 – 77.

[184] Bekaert, G. , C. R. Harvey. Foreign Speculators and Emerging Equity Markets [J]. The Journal of Finance, 2000, 55 (2): 565 – 613.

[185] Bekaert, G. , C. R. Harvey, C. Lundblad. Does Financial Liberalization Spur Growth? [J]. Journal of Financial Economics, 2004, 77 (1): 3 – 55.

[186] Bekaert, G. , C. R. Harvey, C. Lundblad. Growth Volatility and Financial Liberalization [J]. Journal of International Money and Finance, 2006, 25 (3): 370 – 403.

[187] Ben – David, I. , J. R. Graham, C. R. Harvey. Managerial Miscalibration [J]. Quarterly Journal of Economics, 2013, 128 (4): 1547 – 1584.

[188] Berle, A. , G. Means. the Modern Corporation and Private Property

[M]. McMilan, New York, NY, 1932.

[189] Bernanke, B., M. Gertler. Financial Fragility and Economic Performance [J]. Quarterly Journal of Economics, 1990, 105 (1): 87 – 114.

[190] Bertrand, M., S. Mullainathan. Enjoying the Quiet Life? Corporate Governance and Managerial Preferences [J]. Journal of Political Economy, 2003, 111 (5): 1043 – 1075.

[191] Bharath, S. T., J. Sunder, S. V. Sunder. Accounting Quality and Debt Contracting [J]. The Accounting Review, 2008, 83 (1): 1 – 28.

[192] Bharath, S. T., T. Shumway. Forecasting Default with the Merton Distance to Default Model [J]. Review of Financial Studies, 2008, 21 (3): 1339 – 1369.

[193] Booth, L., V. Aivazian, A. Demirguc – Kunt, V. Maksimovic. Capital Structures in Developing Countries [J]. Journal of Finance, 2001, 56 (1): 87 – 130.

[194] Brickley, J. A., J. L. Coles, R. L. Terry. Outside Directors and the Adoption of Poison Pills [J]. Journal of Financial Economics, 1994, 35 (3): 371 – 390.

[195] Brogaard, J., D. Li, Y. Xia. Stock Liquidity and Default Risk [J]. Journal of Financial Economics, 2017, 124 (3): 486 – 502.

[196] Campbell, J. Y., J. Hilscher, J. Szilagyi. In Search of Distress Risk [J]. Journal of Finance, 2008, 63 (6): 2899 – 2939.

[197] Campello, M., E. Giambona, J. R. Graham, C. R. Harvey. Liquidity Management and Corporate Investment during A Financial Crisis [J]. The Review of Financial Studies, 2011, 24 (6): 1944 – 1979.

[198] Cecchetti, S., M. Mohanty, F. Zampolli. The Real Effects of Debt [J]. Social Science Electronic Publishing, 2011, 68 (3): 145 – 196.

[199] Chari, A., P. B. Henry. Is the Invisible Hand Discerning or Indiscriminate? Investment and Stock Prices in the Aftermath of Capital Account Liberalizations [M]. NBER Working Papers, 2004.

[200] Chari, A., P. B. Henry. Firm-Specific Information and the Efficiency of Investment [J]. Journal of Financial Economics, 2008, 87 (3): 636-655.

[201] Chava, S., A. Purnanandam. Is Default Risk Negatively Related to Stock Returns? [J]. The Review of Financial Studies, 2010, 23 (6): 2523-2559.

[202] Chava, S., M. R. Roberts. How Does Financing Impact Investment? The Role of Debt Covenants [J]. The Journal of Finance, 2008, 63 (5): 2085-2121.

[203] Chiang, S. M., H. Chung, C. M. Huang, R. Faff. A Note on Board Characteristics, Ownership Structure and Default Risk in Taiwan [J]. Accounting & Finance, 2015, 55 (1): 57-74.

[204] Chiao, C. S. Relationship between Debt, R&D and Physical Investment, Evidence from US Firm-Level Data [J]. Applied Financial Economics, 2002, 12 (2): 105-121.

[205] Chivakul, M., W. R. Lam. Assessing Chinas Corporate Sector Vulnerabilities [J]. IMF Working Papers, 2015 (72): 1-28.

[206] Core, J., R. Holthausen, D. Larcker. Corporate Governance, Chief Executive Officer Compensation and Firm Performance [J]. Journal of Financial Economics, 1999, 51 (3): 371-406.

[207] Coricelli, F., N. Driffield, S. Pal, I. Roland. When Does Leverage Hurt Productivity Growth? A Firm-Level Analysis [J]. Journal of International Money and Finance, 2012, 31 (6): 1674-1694.

[208] Custodio, C., M. A. Ferreira, L. Laureano. Why Are US Firms Using More Short-Term Debt? [J]. Journal of Financial Economics, 2013, 108 (1): 182-212.

[209] Davidson, R., J. Goodwin-Stewart, P. Kent. Internal Governance Structures and Earnings Management [J]. Accounting & Finance, 2005, 45 (2): 241-267.

[210] Davydov, D. Debt Structure and Corporate Performance in Emerging

Markets [J]. Research in International Business and Finance, 2016, 38 (9): 299 - 311.

[211] Deangelo, H., A. S. Gonalves, R. M. Stulz. Corporate Deleveraging and Financial Flexibility [J]. The Review of Financial Studies, 2018, 31 (8): 3122 - 3174.

[212] Demirci, I., J. Huang, C. Sialm. Government Debt and Corporate Leverage: International Evidence [J]. Journal of Financial Economics, 2019, 133 (2): 337 - 356.

[213] Deng, Y., O - K. Hope, C. Wang, M. Zhang. Capital Market Liberalization and Auditors. Accounting Adjustments: Evidence from a Quasi - Experiment. Journal of Business Finance & Accounting, 2022, 49 (1 - 2): 215 - 248.

[214] Denis, D. J., S. B. Mckeon. Debt Financing and Financial Flexibility Evidence from Proactive Leverage Increases [J]. Review of Financial Studies, 2012, 25 (6): 1897 - 1929.

[215] Diamond, D. W. Debt Maturity Structure and Liquidity Risk [J]. The Quarterly Journal of Economics, 1991, 106 (3): 709 - 737.

[216] Edmans, A. Blockholder Trading, Market Efficiency, and Managerial Myopia [J]. The Journal of Finance, 2009, 64 (6): 2481 - 2513.

[217] Emery, G. W. Cyclical Demand and the Choice of Debt Maturity [J]. Journal of Business, 2001, 74 (4): 557 - 590.

[218] Fan, J. P. H., S. Titman, G. Twite. An International Comparison of Capital Structure and Debt Maturity Choices [J]. Journal of Financial and Quantitative Analysis, 2012, 47 (1): 23 - 56.

[219] Fan, Q., T. Wang. The Impact of Shanghai - Hong Kong Stock Connect Policy on A - H Share Price Premium [J]. Finance Research Letters, 2017, 21 (5): 222 - 227.

[220] Ferreira, M. A., M. Massa, P. Matos. Shareholders at the Gate? Institutional Investors and Cross - Border Mergers and Acquisitions [J]. The Review of Financial Studies, 2010, 23 (2): 601 - 644.

[221] Ferreira, M. A., P. Matos. The Colors of Investors Money: The Role of Institutional Investors around the World [J]. Journal of Financial Economics, 2008, 88 (3): 499-533.

[222] Flannery, M. J. Asymmetric Information and Risky Debt Maturity Choice [J]. Journal of Finance, 1986, 41 (1): 19-37.

[223] Fotopoulos, G., H. Louri. Firm Growth and FDI: Are Multinationals Stimulating Local Industrial Development? [J]. Journal of Industry Competition & Trade, 2004, 4 (3): 163-189.

[224] Francis, J. R. What Do We Know about Audit Quality? The British Accounting Review, 2004, 36 (4): 345-368.

[225] Frank, M. Z. V., K. Goyal. Testing the Pecking Order Theory of Capital Structure [J]. Journal of Financial Economics, 2003, 67 (2): 217-248.

[226] Franz, D. R., H. R. Hassab Elnaby, G. J. Lobo. Impact of Proximity to Debt Covenant Violation on Earnings Management [J]. Review of Accounting Studies, 2014, 19 (1): 473-505.

[227] Ghosh, S. Leverage, Foreign Borrowing and Corporate Performance: Firm-Level Evidence for India [J]. Applied Economics Letters, 2008, 15 (7-9): 607-616.

[228] Ghosh, S. Does R&D Intensity Influence Leverage? Evidence from Indian Firm-Level Data [J]. Journal of International Entrepreneurship, 2012, 10 (2): 158-175.

[229] Giesecke, K., F. A. Longstaff, S. Schaefer, I. Strebulaev. Corporate Bond Default Risk: A 150-Year Perspective [J]. Journal of Financial Economics, 2011, 102 (2): 233-250.

[230] Gillan, S. L., L. T. Starks. Corporate Governance, Corporate Ownership, and the Role of Institutional Investors: A Global Perspective [J]. Journal of Applied Finance, 2003, 13 (2): 4-22.

[231] González, V. M. Leverage and Corporate Performance: International Evidence [J]. International Review of Economics & Finance, 2013, 25 (1):

169 – 184.

[232] Gopalan, R., F. Song, V. Yerramilli. Debt Maturity Structure and Credit Quality [J]. Journal of Financial and Quantitative Analysis, 2014, 49 (4): 817 – 842.

[233] Goyal, V. K., W. Wang. Debt Maturity and Asymmetric Information: Evidence from Default Risk Changes [J]. Journal of Financial & Quantitative Analysis, 2013, 48 (3): 789 – 817.

[234] Grinblatt, M., M. Keloharju. The Investment Behavior and Performance of Various Investor Types: A Study of Finlands Unique Data Set [J]. Journal of Financial Economics, 2000, 55 (1): 43 – 67.

[235] Gupta, N., K. Yuan. On the Growth Effect of Stock Market Liberalizations [J]. Review of Financial Studies, 2009, 22 (11): 4715 – 4752.

[236] Harford, J., S. Klasa, N. Walcott. Do Firms Have Leverage Targets? Evidence from Acquisitions [J]. Journal of Financial Economics, 2009, 93 (1): 1 – 14.

[237] Hart, O., J. Moore. A Theory of Debt Based on the Inalienability of Human Capital [J]. The Quarterly Journal of Economics, 1994, 109 (4): 841 – 879.

[238] Henry, P. B. Do Stock Market Liberalizations Cause Investment Booms? [J]. Journal of Financial Economics, 2000a, 58 (1 – 2): 301 – 334.

[239] Henry, P. B. Stock Market Liberalization, Economic Reform, and Emerging Market Equity Prices [J]. The Journal of Finance, 2000b, 55 (2): 529 – 564.

[240] Henry, P. B. Capital – Account Liberalization, the Cost of Capital, and Economic Growth [J]. The American Economic Review, 2003, 93 (2): 91 – 96.

[241] Hsu, P. H., H. H. Lee, A. Z. Liu, Z. Zhang. Corporate Innovation, Default Risk, and Bond Pricing [J]. Journal of Corporate Finance, 2015, 35 (12): 329 – 344.

[242] Huang, B. Y. , C. M. Lin, C. M. Huang. The Influences of Ownership Structure: Evidence from China [J]. Journal of Developing Areas, 2011, 45 (1): 209 – 227.

[243] Huang, G. H. , F. M. Song. The Determinants of Capital Structure: Evidence from China [J]. China Economic Review, 2006, 17 (1): 14 – 36.

[244] Huang, R. , K. J. K. Tan, R. W. Faff. CEO Overconfidence and Corporate Debt Maturity [J]. Journal of Corporate Finance, 2016, 36 (10): 93 – 110.

[245] Huang, W. , T. Zhu. Foreign Institutional Investors and Corporate Governance in Emerging Markets: Evidence of A Split – share Structure Reform in China [J]. Journal of Corporate Finance, 2015, 32 (2): 312 – 326.

[246] Iwata, S. , S. Wu. Stock Market Liberalization and International Risk Sharing [J]. Journal of International Financial Markets, Institutions and Money, 2009, 19 (3): 461 – 476.

[247] Jensen, M. C. , W. H. Meckling. Theory of the Firm: Managerial Behavior, Agency Costs, and Ownership Structure [J]. Journal of Financial Economic, 1976, 3 (4): 305 – 360.

[248] Jong, A. D. , R. Kabir, T. T. Nguyen. Capital Structure around the World: The Roles of Firm – and Country – Specific Determinants [J]. Journal of Banking & Finance, 2008, 32 (9): 1954 – 1969.

[249] Kahl, M. , A. Shivdasani, Y. Wang. Short – Term Debt as Bridge Financing: Evidence from the Commercial Paper Market [J]. Journal of Finance, 2015, 70 (1): 211 – 255.

[250] Kaplan, S. N. , L. Zingales. Do Investment – Cash Flow Sensitivities Provide Useful Measures of Financing Constraints [J]. The Quarterly Journal of Economics, 1997, 112 (1): 169 – 215.

[251] Kim, E. H. , V. Singal. Stock Market Openings: Experience of Emerging Economies [J]. Journal of Business, 2000, 73 (1): 25 – 66.

[252] Kim, J. B. , C. H. Yi. Foreign versus Domestic Institutional Investors in

Emerging Markets: Who Contributes More to Firm – Specific Information Flow? [J]. China Journal of Accounting Research, 2015, 8 (1): 1 – 23.

[253] Kini, O., J. Shenoy, V. Subramaniam. Impact of Financial Leverage on the Incidence and Severity of Product Failures: Evidence from Product Recalls [J]. The Review of Financial Studies, 2017, 30 (5): 1790 – 1829.

[254] Leary, M. T., M. R. Roberts. Do Peer Firms Affect Corporate Financial Policy? [J]. The Journal of Finance, 2014, 69 (1): 139 – 178.

[255] Leuz, C., K. V. Lins, F. E. Warnock. Do Foreigners Invest Less in Poorly Governed Firms? [J]. Review of Financial Studies, 2009, 22 (8): 3245 – 3285.

[256] Li, D., Q. N. Nguyen, P. K. Pham, S. X. Wei. Large Foreign Ownership and Firm – Level Stock Return Volatility in Emerging Markets [J]. Journal of Financial and Quantitative Analysis, 2011, 46 (4): 1127 – 1155.

[257] Li, K., R. Morck, F. Yang, B. Yeung. Firm – Specific Variation and Openness in Emerging Markets [J]. The Review of Economics and Statistics, 2004, 86 (3): 658 – 669.

[258] Li, Z. Equity Market Liberalization, Industry Growth and The Cost of Capital [J]. Journal of Economic Development, 2010, 35 (3): 103 – 121.

[259] Lin, S., H. Ye. FDI, Trade Credit, and Transmission of Global Liquidity Shocks: Evidence from Chinese Manufacturing Firms [J]. Review of Financial Studies, 2018, 31 (1): 206 – 238.

[260] Margaritis, D., M. Psillaki. Capital Structure, Equity Ownership and Firm Performance [J]. Journal of Banking & Finance, 2010, 34 (3): 621 – 632.

[261] Matsa, D. A. Running on Empty? Financial Leverage and Product Quality in the Supermarket Industry [J]. American Economic Journal: Microeconomics, 2011, 3 (1): 137 – 173.

[262] Menkhoff, L., D. Neuberger, C. Suwanaporn. Collateral – Based Lending in Emerging Markets: Evidence from Thailand [J]. Journal of Banking &

Finance, 2006, 30 (1): 1-21.

[263] Mitton, T. Stock Market Liberalization and Operating Performance at the Firm Level [J]. Journal of Financial Economics, 2005, 81 (3): 625-647.

[264] Modigliani, F., M. H. Miller. The Cost of Capital, Corporation Finance and the Theory of Investment [J]. The American Economic Review, 1958, 48 (3): 261-297.

[265] Molina, C. A. Are Firms Underleveraged? An Examination of the Effect of Leverage on Default Probabilities [J]. The Journal of Finance, 2005, 60 (3): 1427-1459.

[266] Moore, D. A., T. G. Kim. Myopic Social Prediction and the Solo Comparison Effect [J]. J Pers Soc Psychol, 2003, 85 (6): 1121-1135.

[267] Morris, J. R. On Corporate Debt Maturity Strategies [J]. Journal of Finance, 1976, 31 (1): 29-37.

[268] Moshirian, F., X. Tian, B. Zhang, W. Zhang. Stock Market Liberalization and Innovation [J]. Journal of Financial Economics, 2021, 139 (3): 985-1014.

[269] Myers, S. C. Determinants of Corporate Borrowing [J]. Journal of Financial Economics, 1977, 5 (2): 147-175.

[270] Myers, S. C. The Capital Structure Puzzle [J]. The Journal of Finance, 1984, 39 (3): 575-592.

[271] Myers, S. C., N. S. Majluf. Corporate Financing and Investment Decisions When Firms Have Information That Investors Do Not Have [J]. Journal of financial economics, 1984, 13 (2): 187-221.

[272] Phillips, G., G. Sertsios. How Do Firm Financial Conditions Affect Product Quality and Pricing? [J]. Management Science, 2013, 59 (8): 1764-1782.

[273] Qian, M. Is "Voting with Your Feet" an Effective Mutual Fund Governance Mechanism? [J]. Journal of Corporate Finance, 2011, 17 (1): 0-61.

[274] Quinn, D. P., A. M. Toyoda. Does Capital Account Liberalization Lead

to Growth? [J]. Review of Financial Studies, 2008, 21 (3): 1403 – 1449.

[275] Rejeb, A. B., A. Boughrara. Financial Liberalization and Stock Markets Efficiency: New Evidence from Emerging Economies [J]. Emerging Markets Review, 2013, 17 (9): 186 – 208.

[276] Roberts, M. R., A. Sufi. Control Rights and Capital Structure: An Empirical Investigation [J]. The Journal of Finance, 2009, 64 (4): 1657 – 1695.

[277] Schmukler, S. L., E. Vesperoni. Financial Globalization and Debt Maturity in Emerging Economies [J]. Journal of Development Economics, 2006, 79 (1): 183 – 207.

[278] Schularick, M., A. M. Taylor. Credit Booms Gone Bust: Monetary Policy, Leverage Cycles and Financial Crises, 1870 – 2008 [J]. The American Economic Review, 2012, 102 (2): 1029 – 1061.

[279] Serfling, M. Firing Costs and Capital Structure Decisions [J]. The Journal of Finance, 2016, 71 (5): 2239 – 2286.

[280] Simintzi, E., V. Vig, P. Volpin. Labor Protection and Leverage [J]. Review of Financial Studies, 2015, 28 (2): 561 – 591.

[281] Stiglitz, J. E. Capital Market Liberalization, Economic Growth, and Instability [J]. World Development, 2000, 28 (6): 1075 – 1086.

[282] Stulz, R. M. Globalization of Equity Markets and the Cost of Capital [J]. Nber Working Papers, 1999, 12 (7021): 30 – 38.

[283] Sun, W., K. Cui. Linking Corporate Social Responsibility to Firm Default Risk [J]. European Management Journal, 2014, 32 (2): 275 – 287.

[284] Tan, L. Creditor Control Rights, State of Nature Verification, and Financial Reporting Conservatism [J]. Journal of Accounting and Economics, 2013, 55 (1): 1 – 22.

[285] Ting, W. Top Management Turnover and Firm Default Risk: Evidence from the Chinese Securities Market [J]. China Journal of Accounting Research, 2011, Z1 (4): 81 – 89.

[286] Vassalou, M., Y. H. Xing. Default Risk in Equity Returns [J]. The Journal of Finance, 2004, 59 (2): 831-868.

[287] Vithessonthi, C., J. Tongurai. The Impact of Capital Account Liberalization Measures [J]. Journal of International Financial Markets, Institutions and Money, 2012, 22 (1): 16-34.

[288] Vithessonthi, C., J. Tongurai. The Effect of Leverage on Performance: Domestically-Oriented Versus Internationally-Oriented Firms [J]. Research in International Business and Finance, 2015, 34 (5): 265-280.

[289] Wu, J., Q. Yao, H. Tong. Does Monetary Policy Tightening Reduce the Maturity Mismatch of Investment and Financing: Empirical Evidence from China [J]. Journal of Applied Finance & Banking, 2019, 9 (6): 31-56.

[290] Wu, M., P. Huang, Y. Ni. Capital Liberalization and Various Financial Markets: Evidence from Taiwan [J]. The Quarterly Review of Economics and Finance, 2017, 66 (11): 265-274.

[291] Yoon, A. The Role of Private Disclosures in Markets with Weak Institutions: Evidence from Market Liberalization in China [J]. The Accounting Review, 2021, 96 (4): 433-455.

[292] Zeitun, R., G. Gang Tian. Does Ownership Affect a Firm's Performance and Default Risk in Jordan? [J]. Corporate Governance: The International Journal of Business in Society, 2007, 7 (1): 66-82.

[293] Zhang, Y., J. Zhang, Z. Cheng. Stock Market Liberalization and Corporate Green Innovation: Evidence from China [J]. International Journal of Environmental Research and Public Health, 2021, 18 (7): 3412.

[294] Zmijewski, M. E. Methodological Issues Related to the Estimation of Financial Distress Prediction Models [J]. Journal of Accounting Research, 1984, 22: 59-82.